Hildegard Gosebrink

Hildegard von Bingen: Die Welt ist voll Licht

HILDEGARD GOSEBRINK

HILDEGARD VON BINGEN
DIE WELT IST VOLL LICHT

Information – Deutung – Anregungen

Unter Mitarbeit von Maria Jonas

Mit einem Geleitwort von
Sr. Maura Zátonyi OSB

Patmos Verlag

INHALT

4 EINSICHT SCHMECKEN IN DEN SINN DER BIBEL 46

5 IN BILDERN DENKEN 60

6 WIE HILDEGARD WAHRGENOMMEN WURDE – UND HEUTE WIRD 70

7 GOTTES GROSSE LIEBESERKLÄRUNG 80

WEGE DES LICHTS ZUM GELEIT

Maura Zátonyi OSB

Das vermeintlich dunkle Mittelalter hat zahlreiche Lichtgestalten hervorgebracht. Hildegard von Bingen (1098–1179) ist eine von ihnen. Durch ihre Visionen berühmt geworden, ragt die Äbtissin des Klosters Rupertsberg am Rhein mit ihrem Leben und Werk unter ihren Zeitgenossen heraus und gilt bis heute als eine der bekanntesten Frauen des Mittelalters. Mehr als man es auf den ersten Blick erkennen kann, sind ihre Visionen, die zunächst als zeitlos und von der konkreten Wirklichkeit entrückt wirken, vom damaligen geschichtlichen Geschehen beeinflusst worden. Hildegard war in die vielschichtigen Verhältnisse ihrer Zeit – politisch, sozial, kulturell, religiös, kirchlich – eingebunden. Sie machte also ihre Erfahrungen in einer Epoche, welche die neuzeitliche Geschichtsschreibung als die »mittlere« zwischen zwei aus derer Sicht fortschrittlichen Zeitaltern – der prächtigen Antike und der aufgeklärten Neuzeit – bezeichnete und zudem als »finster« abstempelte.

Hildegards Denken und Fühlen, theologisch-literarisches Schaffen und (kirchen)politisches Agieren sind zutiefst »mittelalterlich« geprägt. Wenn es ihr aber gelungen ist, ein bleibendes Werk zustande zu bringen, das für viele nach Orientierung suchende Menschen unserer Gegenwart Wege des Lichts – Wege zum Licht und Wege aus dem Licht heraus – weist, dann zeugt Hildegard vielmehr von einem leuchtenden Mittelalter. Die Aufgabe bei der Erschließung ihrer Werke besteht demgemäß darin, die Weisheit der Lehre und des Lebens, die aus der mittelalterlichen Welt überliefert worden ist, wieder neu zum Leuchten zu bringen und dieses Licht für das Alltagsleben im 21. Jahrhundert zu entfalten.

Dieser Herausforderung stellt sich das vorliegende Buch, das sich zum Ziel setzt, Hildegards ursprüngliche Botschaft, die in ihren Schriften festgehalten ist, in unsere Realität zu übersetzen. Eine dreifache Darstellungsweise zeichnet dieses Buch aus: Zum einen kommt Hildegard im Originalton zur Sprache, zum anderen werden Interpretationen angeboten, die das Verstehen ihrer nicht selten sperrig anmutenden Visionen ermöglichen, schließlich laden vielfältige Methoden ein, das Gelesene alleine oder in der Gruppe lebendig zu erschließen. Diese verschiedenen Zugänge zu Hildegards Welt ergeben in ihrer Gesamtheit eine Annäherung wie konzentrische Kreise, in deren Mittelpunkt das Werk der großen Visionärin steht.

Das 12. Jahrhundert, das Hildegard fast in ganzer Länge erlebte, bildet das Umfeld, von dem sie geprägt war: Sie nahm die Impulse ihrer Zeit auf und wirkte auf sie ein, so dass zum Verständnis ihrer Werke als erstes eine Reise zurück in das 12. Jahrhundert erforderlich ist (Kapitel 1). Erst auf der Folie, welche die Kenntnis der damaligen politischen, gesellschaftlichen und religiösen Zusammenhänge bildet, kann Hildegards Biographie realistisch nachgezeichnet werden (Kapitel 2). Ihr Leben, konkret die klösterliche Lebensform in benediktinischer Ausprägung, liegt wiederum ihren Werken zugrunde, die sie als Visionen ausgestaltet (Kapitel 3). Hildegards Visionen sind zweifelsohne die Frucht einer intensiven Lektüre der Bibel (Kapitel 4), die für Benediktiner und Benediktinerinnen keine bloß intellektuelle Beschäftigung ist, sondern eine ganzheitliche Aneignung, die mit Hildegards Worten einem »Schmecken« gleichkommt und in der monastischen Tradition mit dem Wort *ruminatio,* Wiederkäuen, bezeichnet und somit wie geistliche Nahrungsaufnahme erfahren wird. Aus der Bibel kommend ist den Visionen eine beeindruckende Bildersprache eigen, die das Spezifikum des hildegardischen Denkens ausmacht (Kapitel 5). Dieses vielschichtige Werk – ausgezeichnet mit der Autorität der Visionen, durch die Inspiration der Bibel und in der Ausdrucksform von Bildern – hat selbst eine abwechslungsreiche Geschichte im Hinblick auf seine Wahrnehmung, Aufnahme und Wirkung durchgemacht und erfreut sich heute noch populärer Beliebtheit, zugleich ist es Gegenstand wissenschaftlicher Erforschung (Kapitel 6).

Eine unverkürzte Lektüre der Schriften Hildegards, als deren Ergebnis das vorliegende Buch hervorgegangen ist, lässt verstehen, welche Themen ihr am Herz liegen. Im Zentrum ihrer gesamten theologischen Botschaft steht die Verkündigung der Liebe Gottes, die in der Menschwerdung des Gottessohnes gipfelt (Kapitel 7). Von der zentralen Offenbarung der Gottesliebe aus erschließen sich die weiteren Aspekte der hildegardischen Theologie, die mit typisch hildegardischen Begriffen auf den Punkt gebracht werden, wie beispielsweise Gottebenbildlichkeit, Jungfräulichkeit, Tugendkräfte, Grünkraft, Symphonia oder Edelsteine (Kapitel 8–13). All diese und weitere hildegardische Begriffe beinhalten eine heilsgeschichtliche Deutung unserer Welt als Schöpfung und unserer Geschichte als Handeln Gottes für und mit den Menschen. Zugleich stehen die mit diesen Begriffen beschriebenen Realitäten für die Erfüllung dessen, was Menschen sich ersehnen: ein gelingendes Leben, Heil und Heilung, schließlich Sinn und Glück.

Dieser Aufriss der Inhalte, die im vorliegenden Buch ausgeführt werden, überzeugt davon, dass Hildegard von Bingen eine außergewöhnliche Persönlichkeit war, die mit außergewöhnlichen Begabungen ein außergewöhnliches Werk schuf. Zugleich zeigt sich, dass die Außergewöhnlichkeit Hildegard nicht dazu leitete, eine für Auserwählte vorenthaltene Mystik und eine exklusive Spiritualität zu propagieren, wie etwa eine ekstatische Vereinigung der Seele mit Gott. Hildegard wendet sich mit ihren Werken an die gesamte Menschheit und betont, dass jeder Mensch von Gottes Liebe beschenkt, zur Freiheit befreit und zum Heil berufen ist. Daher gelten ihre Visionen als Einladungen an jeden, der bereit ist, die Wege des Lichtes zu gehen. Dieser Allgemeingültigkeit der Theologie Hildegards mit dem Anspruch, bei der Lebensgestaltung behilflich zu sein, verpflichtet sich das vorliegende Buch, indem es sich auf die Praxis bezieht und dementsprechend zum Ausprobieren eben dieser Theologie Empfehlungen gibt.

Hildegard befürwortet eine ganzheitliche Spiritualität, die in der Alltagsbewältigung zu bestehen hat. Damit dies gelingen kann, braucht der Mensch Orte und Zeiten, in denen er sein Leben in Gottes Licht stellen und in diesem Licht reflektieren kann. Viele der vorgeschlagenen Methoden in diesem Buch laden zu Zeiten der Reflexion ein und geben Anregungen für das persönliche und gemeinsame Beten. Als Benediktinerin war für Hildegard die Feier der Liturgie der Ort, an dem diese Reflexion vonstattengehen kann. Ein Buch, welches Hildegard im Originalton zur Sprache bringt, kann nicht anders als in einer Hinführung zur Gottesdienstgestaltung zu münden. So wird das vorliegende Buch mit einer Feier der Vesper mit der heiligen Hildegard abgerundet (Kapitel 14).

Der aufmerksame Gang durch die einzelnen Kapitel des Buches führt zur Einsicht, dass Hildegard nicht nur eine interessante Schriftstellerin aus einer vergangenen, entrückten Zeit, sondern eine mit lebendiger Botschaft leuchtende Persönlichkeit ist, die uns einlädt, die Wege des Lichtes zu betrachten, auf lichten Spuren zu wandeln und uns für das Aussäen von Lichtstrahlen in unserer Welt zu engagieren. Die Darlegungen des vorliegenden Buches lassen Hildegard von Bingen in ihrer Aktualität und ihrer alltagstauglichen Praxisbezogenheit aufleuchten.

Abtei St. Hildegard, 2. Februar 2022
Sr. Dr. Maura Zátonyi OSB
Vorsitzende der St. Hildegard-Akademie Eibingen e. V.
Zentrum für Wissenschaft, Forschung und europäische Spiritualität

St. Hildegard-Akademie
Eibingen e.V.

EINLEITUNG

Im Wohnzimmerschrank meiner Eltern stand der Klassiker »Helden und Heilige« von Hans Hümmeler mit den Tagesheiligen vom 1. Januar (Odilo von Cluny) bis zum 31. Dezember (Silvester). Meine Eltern gaben mir die Heilige vom 17. September mit auf meinen Lebensweg: Hildegard. Die drei Seiten von Hans Hümmeler waren das Erste, was ich über meine Namenspatronin erfuhr. Sie faszinierte mich schon als Kind. Ich bin sehr gerne eine Hildegard!

Im Theologiestudium entdeckte ich meine Liebe zum Mittelalter. Ich las nicht nur über Hildegard, sondern Hildegard *selber*. Ihre Sprache faszinierte mich. So entschied ich mich für eine Promotion über Maria in Hildegards Theologie. Rund um das Hildegard-Jubiläumsjahr 1998 (900. Geburtstag) schrieb ich an meiner Arbeit. Zeitgleich sammelte ich Erfahrungen als Referentin in der Erwachsenenbildung. Seitdem bin ich in der Bildungsarbeit mit keinem Thema so oft unterwegs wie mit Hildegard von Bingen. Dabei lerne ich nach wie vor unendlich viel von meinen Teilnehmerinnen und Teilnehmern.

Je besser ich Hildegard kennenlerne, desto mehr ahne ich, wie sehr sie Kind ihrer Zeit war. Ihr Werk enthält keine Patentlösungen für heute. Diese Distanz finde ich heilsam. Sie schließt überhaupt nicht aus, dass sich der Dialog mit Hildegard lohnt – im Gegenteil: Hildegard hat uns viel zu sagen – damit wir unsere eigenen Antworten finden können!

Für mich ist sie eine ferne nahe Freundin und Kollegin: als Theologin, die sich müht, die Bibel für ihre Zeit auszulegen. Als Frau in der Kirche, die jenseits ihrer Klostermauern nicht auf amtliche Legitimation bauen kann, sondern mit innerer Autorität spricht. Als kluge Politikerin und Strategin, die Fäden spinnt und sie zu ziehen weiß. Als Künstlerin, die mit Worten Bilder malt und in ihren Kompositionen Klänge baut, die etwas ahnen lassen vom Geheimnis, das die Welt zusammenhält.

Wie Sie dieses Buch nutzen können

Für die Bibelarbeit mit Erwachsenen gibt es vielfältige methodische Anregungen. Für die Erschließung mittelalterlicher Theologie existiert so etwas bislang kaum. In diesem Buch finden Sie Informationen zu Kernthemen aus Hildegards Werk und Hilfen zur Orientierung: Was hat sie tatsächlich geschrieben? Was verraten uns die Quellen? Wo wird ihr Name heute vereinnahmt und vermarktet? Außerdem stoßen Sie auf zahlreiche »Experimente«: Vielleicht haben Sie Lust, sich nicht nur lesend Hildegard anzunähern. Mit Ihrer Phantasie können Sie ins zwölfte Jahrhundert reisen und sich vorstellen, Sie wären eine Nonne aus Hildegards Kloster oder Papst Eugen III. Sie können das, was Hildegard wichtig war, mit Ihrer eigenen Biographie verknüpfen – und mit heutigen Herausforderungen in Kirche und Gesellschaft. Dazu finden Sie zahlreiche Anregungen, die Sie alleine umsetzen können. Wenn Sie mit einer Gruppe Hildegard näherkommen möchten, finden Sie zusätzlich zu den »Experimenten« auch »Praxistipps für die Gruppe«, die die Interaktion der Teilnehmenden nutzen und fördern. Sie können, aber müssen nicht alle Anregungen mitnehmen – wenn Sie ein reines Sachbuch suchen, lassen Sie die Anregungen einfach aus und lesen weiter!

Wenn Sie Hildegards Antiphon »Quia ergo femina« aus Kapitel 12 hören möchten, finden Sie unter dem QR-Code auf Seite 141 eine entsprechende Audio-Datei. Sie stammt von der CD »Hildegard von Bingen: Marienvesper« mit Ars Choralis Coeln unter der Leitung von Maria Jonas. Für die Multiplikatoren und Multiplikatorinnen unter Ihnen steht außerdem online weiteres Material bereit: Sie finden sämtliche Texte Hildegards, die in diesem Buch vorgestellt und erläutert werden, in deutscher Übersetzung zum Download, außerdem Arbeitsblätter zu Kapitel 2 über Hildegards Biographie. Internetlink zum Download: https://shop.verlagsgruppe-patmos.de/hildegard-von-bingen-die-welt-ist-voll-licht-011401.html.

Ohne Hilfe von vielen Seiten wäre dieses Buch nicht möglich geworden. Danken möchte ich:
Maria Jonas, der Leiterin des Ensembles Ars Choralis Coeln, für ihre fachkundige Mitwirkung an Kapitel 12 zu Hildegards Musik sowie für alle geduldige Nachhilfe für mich in Sachen Neumen und Modi;
Sebastian Pank vom Label Raumklang, der die Audiodatei zur Antiphon »Quia ergo femina« zur Verfügung gestellt hat;
Sr. Dr. Maura Zátonyi OSB von der Abtei St. Hildegard für ihr wertschätzendes Geleitwort sowie für inspirierenden Austausch;
P. Mauritius Sauerzapf OSB vom Beuroner Kunstverlag, der möglich machte, dass die Texte der deutschen Hildegard-Gesamtausgabe online zugänglich sind;
Claudia Lueg, der Programmleiterin für den Bereich Religion und Spiritualität der Verlagsgruppe Patmos, für alle Offenheit und Begeisterung schon ganz am Anfang des Projektes, sowie *Dr. Ulrich Sander* für das sorgfältige Lektorat des Manuskripts und sein Mitdenken gleich mit zwei Hildegards;
Edmund Gumpert für alles Rücken-Freihalten in den Monaten des Schreibens, für seine Erst-Lektüre jedes fertigen Kapitels – und vor allem dafür, dass ihm das Thema Hildegard nie zu viel wird!

Es ist mir eine Freude, dieses Buch zehn Jahre nach Hildegards Heiligsprechung und Ernennung zur Kirchenlehrerin vorlegen zu dürfen.

Hildegard Gosebrink

1

EINE REISE INS 12. JAHRHUNDERT

Hildegard wird 1098, am Ende des 11. Jahrhunderts geboren. Als sie 1179 stirbt, neigt sich das 12. Jahrhundert dem Ende entgegen. 900 Jahre trennen uns von ihr. Vieles von dem, was zu ihrer Zeit selbstverständlich war, ist uns heute fremd.

EXPERIMENT

- Welche Vorstellungen vom Mittelalter bringen Sie mit?
- Erkundigen Sie sich in Ihrer Region: Welche Orte gibt es schon seit dem 12. Jahrhundert? Was ist aus dieser Zeit erhalten? Stand Ihre Pfarrkirche schon? Wie sah sie damals aus?

KREUZZÜGE ALS PILGERFAHRTEN

Zur Welt Hildegards Welt gehören die Kreuzzüge. Das Wort »Kreuzzug« hat für uns keinen guten Klang. Das ist zur Zeit Hildegards anders. Im Lateinischen spricht man von *peregrinatio* – »Pilgerfahrt«. Die Kreuzzüge werden als bewaffnete Pilgerfahrt ins Heilige Land verstanden, als Bußgang, als Rettungsaktion der Heiligen Stätten vor den ›ungläubigen‹ Muslimen, als gerechter Krieg, den nur der Papst ausrufen darf.

1099, als Hildegard ein Jahr alt ist, erobert ein Kreuzfahrerheer Jerusalem und errichtet dort ein christliches Königreich. Mitten in Hildegards Leben fällt der zweite Kreuzzug 1147–1149. Wie es dem

Mainstream ihrer Zeit entspricht, stellt Hildegard die Kreuzzüge nicht in Frage.

Die Kreuzzüge spielen sich nicht nur in der Ferne ab. Rund um den zweiten Kreuzzug kommt es in Mainz und Köln zu Pogromen an Juden. Sie gelten vor Ort als Feinde des Christentums. Die Bischöfe stellen sich auf die Seite der Juden. Heute ist umstritten, ob diese Parteinahme für die Juden nur inhaltlich motiviert war oder ob nicht auch finanzielle Interessen eine Rolle spielten: Die Bischöfe verdanken den Juden Einnahmen und haben kein Interesse an deren Vertreibung.

NEUE UND ALTE ORDEN

Der Zisterzienser Bernhard von Clairvaux (1090–1153) spielt eine zentrale Rolle sowohl bei der Werbung für einen zweiten Kreuzzug als auch bei der Eindämmung der Pogrome in Mainz und Köln. Im Auftrag des Papstes Eugen III. gewinnt er in Frankreich und Deutschland Verbündete für den Kreuzzug. Seinen Ordensbruder Radulf, der am Rhein zur Vertreibung der Juden aufruft, weist er in seine Schranken.

1098, in Hildegards Geburtsjahr, wird in Cîteaux ein Kloster gegründet, in dem Mönche nach der Regel Benedikts leben. Im Unterschied zu vielen Benediktinern ihrer Zeit nehmen sie die Regel zumeist wörtlich und führen ein strenges, asketisches Leben. Nach ihrem Ursprungsort Cîteaux heißen die neuen Mönche Zisterzienser. Bernhard tritt 1112 in Cîteaux ein. In den folgenden Jahren trägt er wesentlich zur Ausbreitung des Ordens bei. 1136 entsteht durch ihn – nach Himmerod in der Eifel – das zweite Zisterzienserkloster in Deutschland: Eberbach im Rheingau. 850 Jahre später wird hier »Der Name der Rose« mit Sean Connery gedreht. 2009 dient Eberbach neben Maulbronn auch als Kulisse für Margarethe von Trottas Spielfilm »Vision. Aus dem Leben der Hildegard von Bingen«. Hildegard tauschte Briefe sowohl mit Bernhard als auch mit dem Eberbacher Konvent.

Bernhard ist zur Zeit Hildegards in ganz Europa eine anerkannte Autorität: durch seine Predigten, durch seinen Draht zu geistlichen und weltlichen Prominenten. Mehr als einmal werden ihm Bischofsämter angeboten. Aber jedes Mal lehnt er ab. Er will als Mönch Einfluss ausüben. Bernhard glaubt wie viele Ordensleute seiner Zeit, dass eine Reform der Kirche nur von den Klöstern, nicht von der Hierarchie ausgehen kann. Auch Hildegard denkt ähnlich.

Zisterzienser und Benediktiner leben nach der Regel Benedikts von Nursia (480–547/560). Sie prägt seit dem frühen Mittelalter das monastische Leben in Europa. Heute wird sie oft in der Aufforderung *ora et labora,* »bete und arbeite«, zusammengefasst. Die Regel Benedikts geht von der sogenannten *stabilitas* aus, der Beständigkeit, der Bindung an einen Ort, den der Mönch oder die Nonne nicht mehr verlässt. Der Alltag im benediktinischen Kloster ist geprägt vom gemeinsamen Stundengebet, von der geistlichen Lesung, von der Arbeit. Den Brauch, mehrmals den Tagesablauf für Schriftlesung und Gebet zu unterbrechen, übernahmen die frühen Christen und Christinnen wie später die Muslime aus dem Judentum. Schon in Psalm 119,164 heißt es: »Siebenmal am Tag singe ich dein Lob!« Die Ordensregel Benedikts, nach der Hildegard lebt, geht daher von sieben Gebetszeiten pro Tag und einer in der Nacht aus. Die 150 Psalmen der Bibel verteilt die Regel Benedikts auf die sieben Wochentage und ihre Gebetszeiten. Wer ein Leben lang jede Woche alle 150 Psalmen singt, dem und der gehen sie in Fleisch und Blut, in Atem und Herzschlag über.

Hildegard lebt fast siebzig Jahre als Benediktinerin. In den folgenden Kapiteln werden wir immer wieder auf ihr benediktinisches Erbe stoßen. Hildegard pflegt Freundschaften zu anderen benediktinischen Konventen, beispielsweise zum Männerkloster St. Matthias in Trier, das damals noch St. Eucharius hieß.

In Hildegards Umfeld stoßen wir außerdem auf Augustiner. Sie führen, angeschlossen an eine Stiftskirche, ein gemeinsames Leben nach der Regel des Kirchenvaters Augustinus (354–430). Sie sind keine

Mönche, die hinter ihren Klostermauern bleiben, sondern werden als Seelsorger in ihrer Region tätig. Nicht nur im Mittelalter werden neue Klöster nicht immer auf der grünen Wiese gegründet, sondern knüpfen oft an vorherige Klöster am selben Ort, teilweise sogar in denselben Gebäuden an. Auch Eberbach war vor der Ankunft der Zisterzienser ein Augustinerkloster. Dasselbe gilt für das Benediktinerkloster auf dem Disibodenberg, in dem Hildegard mehrere Jahrzehnte lebt. Hildegard selber wird für ihre zweite Klostergründung in Eibingen ein ehemaliges Augustinerkloster nutzen.

Viele Orden, die wir heute kennen, gehen auf jüngere Entwicklungen zurück, so die Franziskaner, Clarissen und Dominikaner. Sie entstehen im 13. Jahrhundert. Auch Beginen gibt es zur Zeit Hildegards noch nicht.

ADELIGE UND NICHTADELIGE

Benedikt dachte in seiner Ordensregel beim Thema Arbeit an körperliche Arbeit. Zur Zeit Hildegards ist körperliche Arbeit weder für benediktinische Mönche noch Nonnen an der Tagesordnung. Denn die mittelalterliche Ständegesellschaft macht vor Klostermauern nicht Halt. Es gibt große Unterschiede zwischen Adeligen und Nichtadeligen. Im ehemaligen Zisterzienserkloster Maulbronn kann man sich das auch heute noch gut vorstellen: Ein steinerner Lettner (eine Schranke, eine Wand) trennt das Kirchenschiff in einen vorderen Bereich für die Mönche und einen hinteren für die Laienbrüder.

Mönche sind im 12. Jahrhundert adeliger Abstammung, können lesen und Latein, werden zu Priestern geweiht, beten sieben Mal am Tag, singen die Liturgie des Stundengebets und der Messe nach überlieferten Melodien, dem »Gregorianischen Choral«, arbeiten höchstens in der Schreibstube und in der Bibliothek. Laienbrüder können kein Latein und stellen die dringend nötigen Handwerker und Bauern im Kloster. Sie haben kein Stimmrecht bei der Wahl des Abtes, dürfen die Klausur der Mönche nicht betreten, kommen durch ein eigenes

Portal in die Kirche, essen und schlafen in eigenen Räumen, tragen andere Kleidung. Im 12. Jahrhundert ist es üblich, dass in einem Kloster doppelt so viel Laienbrüder wie Mönche leben. Trotzdem ist das Leben als Laienbruder attraktiv und eine gute Alternative gegenüber der Perspektive, als Bauer draußen in der Welt zu verarmen.

Was den Alltag von Adeligen und Nichtadeligen in Frauenklöstern angeht, wissen wir für das 12. Jahrhundert recht wenig. Hildegards Klöster bilden hier eine Ausnahme: Selber adelig, nimmt sie in ihr erstes Kloster nur Adelige auf (vgl. Kapitel 2).

BILDUNG, EINE UNGLÜCKLICHE LIEBE – UND VERNUNFT

Bis in die Zeit Hildegards sind die Klöster die vorrangigen Orte, an denen Wissen gesammelt und weitergegeben wird. Hier liest man die Bibel und die Kirchenväter. In den Bischofsstädten entstehen Domschulen, die die Bedeutung der Klosterschulen allmählich zurückdrängen. Sie dienen ursprünglich der Klerikerausbildung. Die Domschulen sind Keimzellen der Universitäten.

Ein berühmter Lehrer aus diesem Zusammenhang ist Peter Abaelard (1079–1142), der in Paris unterrichtet. Berühmt ist er für die unglückliche Liebesgeschichte mit seiner Schülerin Heloise, die von ihm schwanger wird. Nach mehreren Missverständnissen lässt Heloises Onkel Fulbert Abaelard aus Rache kastrieren. Sowohl Heloise als auch Abaelard gehen ins Kloster – und tauschen Briefe, die heute zur Weltliteratur zählen. Was weniger bekannt ist: Abaelard und Bernhard von Clairvaux geraten heftig aneinander – keinesfalls wegen Heloise. Bernhard klagt Abaelard als Ketzer an. Der appelliert an den Papst – aber ohne Erfolg. Seine Bücher werden verbrannt.

Was Bernhard so wütend macht, ist Abaelards Hochschätzung der unabhängigen Vernunft. Bernhard wittert eine neue Zeit, in der Theologen anders denken, als es ihm im Kloster heilig ist. Auch wenn man heute davon ausgeht, dass Bernhard Abaelard missverstanden hat, ahnt er zurecht: Im 13. Jahrhundert wird sich die Scholastik (von lateinisch *schola* – »Schule«) durchsetzen. Viele Autoren und Autorinnen des 12. Jahrhunderts, die im Kloster gelernt haben, theologisch zu denken, sind kritisch gegenüber diesem neuen dialektischen Denken, das ihnen kompliziert und aufgeblasen scheint. Auch die Benediktinerin Hildegard teilt diese Haltung. In der Bibel ist den Menschen doch alles gesagt, was es zu sagen gibt, meint sie.

BARBAROSSA UND DIE KIRCHENSPALTUNG

Ein weiterer berühmter Zeitgenosse Hildegards ist Kaiser Friedrich I., genannt Barbarossa (1122–1190). Er wird zum Drahtzieher einer Kirchenspaltung, unter der ganz Europa leidet. Als 1159 Papst Hadrian IV. stirbt, fällt die Wahl eines neuen Papstes – auch durch Barbarossas Einmischung – nicht eindeutig aus. Der eine nennt sich Viktor IV., der andere Alexander III. Barbarossa unterstützt Viktor. England und Frankreich ergreifen Partei für Alexander. Barbarossa unternimmt viele Versuche, um Viktor zu fördern; aber außerhalb seines Reiches wird Viktor kaum als Papst anerkannt. Als Viktor 1164 stirbt, sorgt Barbarossas Kanzler, der Kölner Erzbischof Rainald von Dassel, dafür, dass Paschalis III. Viktors Nachfolger wird. Inzwischen sprechen sich jedoch mehrere Erzbistümer in Barbarossas eigenem Reich für Alexander und gegen Paschalis aus. Darunter ist auch Mainz, wo Hildegard lebt. Auch viele Zisterzienserklöster halten zu Alexander.

1167 will Barbarossa die Spaltung beenden. Er lässt Paschalis feierlich in Rom einsetzen. Alexander flieht aus der Stadt. Der Konflikt nimmt eine überraschende Wende: Eine Seuche bricht aus und führt zu vielen Toten. Unter ihnen ist auch Rainald von Dassel. Barbarossa scheitert in Italien. Schließlich flieht er über die Alpen nach Norden. Erst 1177 erkennt Barbarossa Alexander III. als Papst an. In mehreren Briefen kritisiert Hildegard Barbarossa wegen der Kirchenspaltung.

EXPERIMENT

Das liest sich so einfach: »Barbarossa wird zum Drahtzieher einer Kirchenspaltung, unter der ganz Europa leidet …«
Stellen Sie sich vor, Sie leben im Mittelalter im Erzbistum Mainz und erfahren, dass es im fernen Italien gleich zwei Päpste gibt. Welche Auswirkungen könnte das auf Sie haben?
Nun hören Sie, dass Ihr Erzbischof zu einem anderen Papst hält als der Kaiser. Was befürchten Sie: für sich, Ihre Familie, Ihren Beruf, Ihre Stadt?

SPIRITUALITÄT UND ANDERE BAUSTELLEN

Die Erfahrung der Kreuzzüge führt vor und nach 1200 zu vielen Aufbrüchen, auch in der Spiritualität. Durch die Begegnung mit den Orten, wo Jesus geboren wurde, predigte, heilte, litt und starb, gerät er ganz neu und anders ins Blickfeld: als Mensch auf Augenhöhe. Das Kind in der Krippe und das Thema Armut werden neu durchbuchstabiert, so etwa durch Franz (1181–1226) und Clara von Assisi (1193–1253). Gotische Kruzifixe zeigen einen leidenden Menschen, dessen Gewicht an den Armen hängt. Das ist für Hildegard Jahrzehnte vorher noch weit weg. Den Namen Jesus benutzt sie kaum; meistens spricht sie von Christus. Zu ihrer Zeit steht Christus mit beiden Füßen aufrecht am Kreuz, ohne Blut, mit offenen Augen. Er ist zugleich der Auferstandene, zu dem Menschen aufschauen können – kein Schmerzensmann!

Hildegard lebt im damals großen und einflussreichen Bistum Mainz. Dessen Dom wurde im 10. Jahrhundert begonnen und ist zur Zeit Hildegards bereits zwei Mal abgebrannt. Im 12. Jahrhundert wird das Mittelschiff neu errichtet. Möglicherweise hält hier Bernhard eine seiner Kreuzzugspredigten. Aus dem 12. Jahrhundert stammt auch die romanische Gotthard-Kapelle neben dem nördlichen Querschiff. Sie birgt heute das Udenheimer Kreuz, einen romanischen Kruzifixus. So sahen die Kreuze aus, die Hildegard kannte und die ihr Denken prägten. Im nahen Speyer begann der Dombau etwas später als in Mainz und konnte bereits 1061 fertiggestellt werden. Speyer gilt als der größte Dom der damaligen Welt.

Rheinabwärts in Köln steht zu Hildegards Zeit der sogenannte Alte Dom. Der Kölner Erzbischof Rainald von Dassel reist mit Barbarossa nach Italien. 1164 entwendet er in Mailand die Reliquien der Heiligen Drei Könige und bringt sie nach Köln. Ende des 12. Jahrhunderts entsteht für sie der berühmte Dreikönigsschrein. Für die vielen Pilger soll der Alte Dom einer modernen Wallfahrtskirche weichen. Erst im Jahrhundert nach Hildegard, 1248, fällt die Entscheidung, den Alten Dom abzureißen und mit dem Neubau einer gotischen Kathedrale, dem heutigen Kölner Dom, zu beginnen. Er wird erst im 19. Jahrhundert fertig.

EXPERIMENT

- Vielleicht gibt es ein Kreuz, das Sie beeindruckt hat. Wie sieht es aus?
- Was verbinden Sie mit dem Namen »Jesus«, was mit »Christus«? Wie nennen Sie ihn selber?
- Bestimmt waren Sie schon einmal in einer Bischofskirche (Kathedrale, von griechisch *káthedra*, [Bischofs-]Sitz) vielleicht sogar in einem der Dome am Rhein. Welchen Eindruck haben sie bei Ihnen hinterlassen?

KETZER

Eine große Herausforderung zur Zeit Hildegards ist das Auftreten der Katharer. Im Wort »Kátharer« steckt das griechische Wort *kátharos* – »rein«. Wahrscheinlich geht unser Wort Ketzer auf die Bezeichnung Katharer zurück – denn schon bald gilt ihre Bewegung als Irrlehre. Möglicherweise handelt es sich bei »Katharer« um eine Fremdbezeichnung.

Sich selber verstehen die Katharer als Reform- und Protestbewegung und nennen sich »gute Christen«. Anlässe für Proteste und Reformen gibt es viele: Mit dem Aufblühen der Städte blüht auch die Geldwirtschaft auf; die Kirchensteuer in Form des Zehnten wird eingeführt; die Kleriker werden weltlich und halten sich nicht an ihre eigenen Predigten.

Die Katharer sind skeptisch gegenüber allem, was mit Geld und materiellem Reichtum zu tun hat. Sie haben eine dualistische Grundüberzeugung: Das Geistige ist gut und von Gott geschaffen. Alles Irdische und Materielle dagegen macht unfrei und unrein und geht auf ein böses Prinzip, nicht auf Gott zurück. Deshalb haben die Katharer Schwierigkeiten mit dem Glauben an die Menschwerdung Gottes. Denn Gott, der Gute und Geistige, kann sich nicht wirklich auf die böse Materie einlassen. Die Katharer glauben, dass Gott in Christus nur zum Schein Mensch wurde (dies nennt man Doketismus, von griechisch *dokeĩn* – »scheinen«).

Wenn die Materie böse ist, geraten auch Ehe und Sexualität unter den Verdacht des Bösen. So kommt es bei den Katharern zu einer Hierarchie aus wenigen »Vollkommenen« (Männer: *perfecti,* Frauen: *perfectae),* die enthaltsam leben: ohne Ehe, ohne Privateigentum, ohne Töten und Essen von Tieren. Ihnen gegenüber steht eine Vielzahl von Gläubigen, für die die strengen Vorschriften nicht gelten.

Die Kirchenkritik, die strengen Ideale und der bescheidene Lebensstil der Katharer überzeugen viele. Zur Zeit Hildegards sind sie in Südfrankreich und in Oberitalien erfolgreich – 1153 erstmals in Köln nachweisbar. Hildegard begegnet ihren Überzeugungen in der Frühzeit. Hildegards Schöpfungstheologie (Kapitel 7) unterscheidet sich grundsätzlich vom Dualismus der Katharer.

Ab dem späten 12. Jahrhundert werden die Katharer eigene Diözesen gründen und eigene Bischöfe haben. Es kommt zu einer Gegenkirche, die für die römische Kirche eine Gefahr darstellt. Alexander III., jener Papst, den Barbarossa so lange verhindern wollte, exkommuniziert die Katharer. Dies geschieht in Hildegards Todesjahr 1179. In den folgenden Jahren entsteht als weitere Reaktion auf die Katharer die Inquisition. Zur Zeit Hildegards gibt es sie noch nicht. Zweihundert Jahre später sind die Katharer vernichtet.

2
WAS WIR ÜBER HILDEGARDS LEBEN WISSEN

Hildegard wird 1098 geboren. Wahrscheinlich stammt sie aus Bermersheim bei Alzey. Sicher ist das nicht. Hildegards Eltern sind adelig. Wahrscheinlich gehören sie nicht zum Hochadel, aber sind doch bessergestellt als die übrigen Dorfbewohner. Die Familie scheint etwas auf sich zu halten; denn das kleine Mädchen erhält den Namen der Frau Karls des Großen.

Heute geht man davon aus, dass Hildegard mit vierzehn die Frauenklause auf dem Disibodenberg bezieht, am Allerheiligentag 1112. Die Klause wird von Jutta von Sponheim geleitet, die sechs Jahre älter als Hildegard ist. Auch sie ist adelig und entstammt einer einflussreichen Familie. Ein weiteres Mädchen ist dabei, dessen genaue Identität wir nicht kennen. Möglicherweise wird Hildegard aber schon einige Jahre früher von der frommen Witwe Ida von Göllheim erzogen.

Für uns klingt das grausam; aber für mittelalterliche Verhältnisse erhält Hildegard damit Chancen, von denen andere Mädchen nur träumen können: Sie lernt lesen und schreiben, singen und Latein, kann die Bibel und die Kirchenväter studieren. Sie bleibt von der Ehe, einer Vielzahl von Schwangerschaften und hoher Kindbettsterblichkeit verschont. Die Entscheidung ihrer Familie, die Weichen frühzeitig für ein Leben im Kloster zu stellen, entspricht der Neigung Hildegards: Die spätere Legende erzählt, dass sie oft krank war und andere Interessen pflegte als ihre Altersgenossinnen. Dass Hildegard 81 Jahre alt werden konnte, verdankt sie dem Klosterleben.

JAHRZEHNTE AUF DEM DISIBODENBERG

Der Disibodenberg liegt am Zusammenfluss von Glan und Nahe. Er gehört zur Zeit Hildegards zum mächtigen Erzbistum Mainz. Die Grenzen zu den Bistümern Trier und Speyer sind nicht weit. Aus diesem Grund hat um die Jahrtausendwende Erzbischof Willigis von Mainz Interesse an einem Kloster genau an dieser Stelle. Hier soll Jahrhunderte zuvor der Einsiedler Disibod gelebt haben. Willigis holt Augustiner auf den Berg. Aber erst hundert Jahre später blüht das Kloster auf. Denn Erzbischof Ruthard von Mainz holt Benediktiner, die einen Neuanfang wagen – inklusive Neubau. Als erstes entsteht die prächtige Abteikirche. Als Hildegard auf den Disibodenberg kommt, erlebt sie für viele Jahre eine Baustelle. Das Kloster ist noch lange nicht fertig. »Bauen« wird nicht zufällig ein Schlüsselwort in ihrer Theologie.

Hildegard wächst in der Frauenklause im Schatten der Abteikirche auf. Sie lernt und lebt den Alltag einer Benediktinerin. Die Familien der drei jungen Frauen haben als Mitgift den Mönchen Ländereien vermacht. Wahrscheinlich 1115, mit siebzehn Jahren, legt Hildegard ihre Profess ab. Insgesamt lebt sie fast vierzig Jahre auf dem Disibodenberg. Über den Alltag in der Frauenklause ist nichts überliefert. Wahrscheinlich ist den Bewohnerinnen über ein Fenster die Teilnahme an den Gottesdiensten der Mönche in der Kirche möglich. Über ein anderes Fenster kommuniziert Jutta mit Ratsuchenden aus der Region. Die Frauenklause ist ein angesehener Ort. Die Zahl der Mitglieder wächst.

1136 stirbt Jutta. Aus der Lebensbeschreibung, die nach ihrem Tod entsteht, erfahren wir, dass sie viel von Buße und Fasten hielt. Möglicherweise stammt diese Lebensbeschreibung von Hildegard. Hildegard wird Juttas Nachfolgerin. Ob ihre Schwestern die neue Leiterin frei wählen konnten oder ob der Abt des Männerkonventes Einfluss nahm, ist nicht überliefert. Sicher ist: Hildegard ist keinesfalls Äbtissin, sondern nur *magistra,* also »Meisterin« für die Nonnen. Die Gesamtleitung liegt beim Abt. Hildegard setzt bei ihrer Leitung der Schwesterngemeinschaft einen anderen Schwerpunkt als Jutta: Für sie sind nicht Buße und Fasten entscheidend, sondern das Maßhalten, das die Ordensregel Benedikts empfiehlt. Irgendwann in den fast vierzig Jahren auf dem Disibodenberg wird der Mönch Volmar Hildegards Vertrauter und Sekretär.

Hildegard wächst fünf Jahre in ihre Leitungsaufgabe hinein. 1141, mit 43 Jahren, überschreitet sie ihren bisherigen Wirkungskreis: Sie beginnt, ein Buch mit dem programmatischen Titel *Scivias* (=Wisse die Wege, Wegweisung) zu schreiben, das nicht nur für ihre Schwestern bestimmt ist. Sie ist davon überzeugt: Gott hat sie beauftragt, dieses Buch für die ganze Kirche zu schreiben. Sie wendet sich mit der Bitte um Unterstützung an Bernhard von Clairvaux und Papst Eugen III. Von Hildegards Strategie erfahren Sie im nächsten Kapitel.

EIN EIGENES KLOSTER

Hildegard zieht es weg vom Disibodenberg – warum, können wir nur spekulieren. Durch ihre adeligen Netzwerke kann sie naheabwärts, an der Mündung der Nahe in den Rhein, Land erwerben und ein eigenes Kloster bauen lassen. Der Disibodenberg mag bistumsstrategisch an einem wichtigen Ort liegen – aber auch heute noch geht es dort eher ländlich ruhig zu. Am Rhein jedoch, auf dem Rupertsberg an der Nahe gegenüber der Stadt Bingen, liegt Hildegards Kloster inmitten wichtiger Verbindungen. Rheinaufwärts ist es nicht weit bis Mainz und Speyer; rheinabwärts ist der Weg offen Richtung Köln.

Die Mönche vom Disibodenberg sind gegen Hildegards Projekt. Der Disibodenberg scheint für sein Ansehen von der Frauenklause und deren schreibender Leiterin profitiert zu haben. Da wird Hildegard krank, und zwar psychosomatisch eindeutig: Sie kann sich nicht mehr bewegen. Erst als sie sich auf Gottes Geheiß gegen den Willen des Abtes mit etwa zwanzig Schwestern auf den Weg zum Rupertsberg bei Bingen macht, weicht die Lähmung.

Die Loslösung vom Disibodenberg ist ein Prozess, der sie noch Jahre beschäftigt. In den Anfangsjahren hat es ihr eigenes Kloster wirtschaftlich schwer; denn die Ländereien, die die Schwestern als Mitgift mit auf den Disibodenberg brachten, gehören nun nicht automatisch dem Kloster Rupertsberg. Einige Schwestern verlassen Hildegard, weil sie als adelige Töchter einen anderen Lebensstil gewöhnt sind. Hildegard bemüht sich erfolgreich um wirtschaftliche Unabhängigkeit und um neue Schenkungen.

Ihr eigenes Kloster unterstellt sie rechtlich direkt dem Erzbischof von Mainz. Der kommt auch 1151, um die Klosterkirche zu weihen. Das Männerkloster auf dem Disibodenberg hat nur eine geistliche Fürsorgepflicht, mehr nicht: Der Abt muss einen Mönch aus seinem Konvent als Spiritual der Nonnen zum Rupertsberg schicken. Der erste Spiritual wird Hildegards Vertrauter Volmar. Jahre später, nach dem Tod Volmars 1173, bricht der Konflikt erneut auf. Hildegard schaltet Papst Alexander III. ein. Sie erscheint persönlich auf dem Disibodenberg und streitet für ihr Recht. So tritt Gottfried Volmars Nachfolge an. In einer anderen Sache bittet Hildegard auch Barbarossa um Unterstützung. 1163 erhält sie von ihm eine Schutzurkunde, die ihrem Kloster Steuerfreiheit garantiert. Hier wird sie offiziell *abatissa,* Äbtissin, genannt.

SCHREIBEN UND REISEN

In die Anfangsjahre auf dem Rupertsberg fällt auch der Konflikt um Richardis von Stade, eine Schwester aus Hildegards Konvent, die sie wie Volmar im Sekretariat unterstützt. Richardis stammt ebenfalls aus einer adeligen einflussreichen Familie. Ihr Bruder Hartwig ist Erzbischof von Bremen und sorgt dafür, dass sie zur Äbtissin des Klosters

Bassum in seinem Bistum gewählt wird. Hildegard will Richardis nicht freigeben. Richardis nimmt gegen Hildegards Willen die Wahl an und geht nach Bassum. Der Briefwechsel angesichts dieses Konflikts gewährt seltene Einblicke in Hildegards Inneres: Sie vergleicht sich mit einer Mutter, die von ihrer Tochter verlassen wird. Gleichzeitig sieht sie sich auch als verwaiste Tochter, die alleine zurückbleibt. Richardis wird nicht glücklich in Bassum. Sie wird krank und stirbt im Herbst 1152. Hildegard und Erzbischof Hartwig versöhnen sich.

Ihr Werk *Scivias* schreibt Hildegard ganz oder fast ganz auf dem Disibodenberg. Alle anderen Werke entstehen auf dem Rupertsberg. An jedem ihrer Hauptwerke schreibt Hildegard mehrere Jahre, an *Scivias* alleine zehn! Ihr Alterswerk beendet sie 1173 mit 75 Jahren. In Kapitel 6 werden Sie einen Überblick über ihre Werke und deren Inhalte erhalten. Schon Mitte der 1150er-Jahre beginnt in der Rupertsberger Schreibstube die Arbeit an der heute ältesten Handschrift mit Werken Hildegards, nämlich Abschriften ihres Briefwechsels.

Die Briefe zeigen, wie gut vernetzt Hildegard mit anderen Klöstern, mit Bischöfen und Päpsten, mit weltlichen Herrschern und Herrscherinnen ist. Manche Schreiben an Hildegard enthalten die Bitte, sie möge das, was sie bei einem Besuch gesagt habe, doch bitte auch noch schriftlich nachliefern. Das passt zur Notiz der späteren Lebensbeschreibung, Hildegard habe Reisen unternommen und öffentlich gepredigt. Angesichts des heutigen Predigtverbots für ungeweihte Männer und Frauen in der katholischen Eucharistiefeier entsteht die Frage: Konnte eine Frau im Mittelalter predigen? Die Predigt als fester Bestandteil der Liturgie, vor allem der Messe, ist eine neuzeitliche Entwicklung. Predigten sind im Mittelalter eigene Veranstaltungen. So können wir uns gut vorstellen, dass Hildegard spirituelle Vorträge, geistliche Ansprachen, Predigten gehalten hat – sicher nicht, wie heute üblich, im Rahmen der Messe nach dem Evangelium.

EIN ZWEITES KLOSTER UND EIN GROSSER KONFLIKT

Auf dem Rupertsberg nimmt Hildegard nur adelige Töchter in ihren Konvent auf. Im späten 12. Jahrhundert mehren sich kritische Anfragen zu diesem Brauch. Tengswind, Leiterin einer augustinischen Schwesterngemeinschaft rheinabwärts in Andernach, kritisiert Hildegard dafür in einem Brief. Tengswind ist beeinflusst von der aufkommenden Armutsbewegung, die im 13. Jahrhundert zu neuen Orden wie den Franziskanern, Clarissen und Dominikanern führen wird. Hildegard antwortet, dass es doch auch im Himmel Standesunterschiede zwischen Engeln und Erzengeln gebe und dass niemand Ochsen und Esel in denselben Stall sperre. Dennoch scheint sie sich in den 1160er-Jahren entschieden zu haben, auch nichtadelige Töchter aufzunehmen – jedoch nicht auf dem Rupertsberg, der langsam aber sicher aus allen Nähten platzt. Auf der anderen Rheinseite, in Eibingen bei Rüdesheim, kann sie ein ehemaliges Augustinerkloster erwerben. Aufgrund der Namenslisten der verstorbenen Schwestern geht man heute davon aus, dass hier nichtadelige Schwestern lebten. Hildegard steht ab 1165 beiden Klöstern als Äbtissin vor.

1178 kommt es zu einem Konflikt mit der Mainzer Bistumsleitung (mehr dazu in Kapitel 12). Die Bistumsleitung verhängt das Interdikt über Hildegards Kloster. Das bedeutet konkret: Die Schwestern dürfen nicht mehr zur Kommunion gehen und beim Stundengebet nicht mehr singen. Hildegard kämpft mehrere Monate um die Aufhebung dieser Kirchenstrafe. Das gelingt ihr nach einem zermürbenden Hin und Her. Hildegard ist inzwischen 81 Jahre alt. Einige Wochen nach Aufhebung des Interdikts wird sie krank und stirbt am Sonntag, den 17. September 1179. Sie wird in ihrer Klosterkirche auf dem Rupertsberg beigesetzt.

EXPERIMENT

900 Jahre trennen uns von Hildegard. Trotzdem gibt es in ihrer mittelalterlichen Biographie Momente, in denen wir Hildegard nahekommen können: die Berufswahl durch die Eltern, der Hunger nach Bildung, das Hineinwachsen in Verantwortung und Selbstbewusstsein, der Aufbruch zu einem eigenen Ort, Leitungsalltag, Networking und Konfliktmanagement ...
Wo ist Ihnen Hildegard nah?
Wo bleibt sie Ihnen fremd?

PRAXISTIPP FÜR DIE GRUPPE

Sie können Jahreszahlen und Stationen aus Hildegards Biographie auf Plakate schreiben und so ihren Lebensweg auf den Boden legen. Die Teilnehmenden sind eingeladen, anhand der Plakate den Lebensweg Hildegards nachzugehen und sich anschließend an ein Plakat zu stellen, wo ihr eigener »Haftpunkt« in Hildegards Biographie ist.
Die Teilnehmenden, die am selben Plakat stehen, tauschen sich in Kleingruppen aus: Was hat mich heute hier stehen lassen?

DER LANGE WEG ZUR HEILIGSPRECHUNG

Nicht nur nach, sondern auch schon vor Hildegards Tod scheint ihr Umfeld fest mit einer Heiligsprechung gerechnet zu haben. Daher beginnt bereits Gottfried in der Mitte der 1170er-Jahre eine Vita. *Vita* heißt Leben – es geht jedoch nicht um eine Biographie, die auf historischen Fakten beruht. Eine Vita will das vorbildliche Leben einer Person vorstellen und zeigen, wie Gott und Christus im Leben dieser Person sichtbar werden. In Viten zu verschiedenen Personen finden sich daher oft ähnliche Motive, etwa Wunderheilungen. Gottfried kann

Hildegards Vita nicht fertigstellen. Die Vita Hildegards in ihrer heutigen Gestalt geht auf mehrere Autoren und Redaktionsstufen zurück. Sie ist ein wesentlicher und ganz früher Baustein im Dienste ihrer Heiligsprechung, zu der es achthundert Jahre lang nicht kommt! Das hindert Hildegards Schwestern nicht daran, um 1230 einen kostbaren Altarvorhang, ein sogenanntes Antependium, aus roter Seide zu besticken. Er zeigt selbstverständlich Hildegard mit Heiligenschein.

Im 13. Jahrhundert gibt es mehrere Anläufe, Hildegard offiziell heiligsprechen zu lassen. Doch der Prozess versandet. Wahrscheinlich hat eine Kommission im Erzbistum Mainz nie ihre Arbeit aufgenommen. Vielleicht erscheinen auch Hildegards Werke als altmodisch. Inzwischen weht durch die Armutsbewegung und die Scholastik ein anderer Wind in der Kirche. Auch ohne Heiligsprechung wird Hildegard als Heilige verehrt – und sogar ins Martyrologium Romanum aufgenommen. Das ist eine Liste aller Seligen und Heiligen der katholischen Kirche.

1979 jährt sich Hildegards Todesjahr zum 800. Mal. Ein großes Jubiläumsjahr weckt neues Interesse an ihren Werken. Die katholischen Frauenverbände Deutschlands bitten die Deutsche Bischofskonferenz, Hildegards Ernennung zur Kirchenlehrerin voranzutreiben. Der Antrag läuft wieder ins Leere – unter anderem weil Hildegard noch nicht »richtig« heiliggesprochen ist. 1998 begeht man in Deutschland das nächste große Hildegard-Jubiläum anlässlich ihres 900. Geburtsjahres. Aber erst unter Papst Benedikt XVI. kommt es 2012 zur offiziellen Heiligsprechung und Ernennung zur Kirchenlehrerin.

WAS AUS HILDEGARDS KLÖSTERN WURDE

Auf dem Disibodenberg können sich die Benediktiner bis 1259 halten. Am Ende ist das Kloster schwer verschuldet. Daher übergibt der Mainzer Erzbischof den Disibodenberg an Zisterzienser. Unter ihnen kommt es zu einer neuen Blüte. Als im 16. Jahrhundert die Reformation eingeführt wird, wird das Kloster aufgelöst. Viele Jahre ist es eine Ruine, an deren Steinen sich die Einheimischen für den Bau ihrer Häuser bedienen. Heute kann man die ausgegrabenen Fundamente der Klostergebäude besuchen. Wo genau die Frauenklause lag, lässt sich nicht mehr sagen.

Hildegards Kloster auf dem Rupertsberg bei Bingen existiert bis zum Dreißigjährigen Krieg. 1632 wird es zerstört. Die Schwestern fliehen auf die rechte Rheinseite nach Eibingen. Sie können wichtige Handschriften und Hildegards Reliquien retten. So kommt es, dass sich heute Hildegards Grab in ihrer ehemaligen Klosterkirche in Eibingen befindet. Die letzten Ruinenreste des Klosters auf dem Rupertsberg werden im 19. Jahrhundert gesprengt, als man Platz für Bahngleise an der Nahe benötigt. Das Kloster Eibingen besteht bis 1802 und wird im Zuge der Säkularisation aufgelöst. Die ehemalige Klosterkirche ist heute Pfarrkirche.

Im späten 19. Jahrhundert wächst in der katholischen Kirche ein neues Bewusstsein für den Reichtum der eigenen Tradition, vor allem der Liturgie. Einige Klöster können mit frischem Elan neu gegründet werden. So kommt es 1863 zur Gründung der Benediktinerabtei Beuron an der Donau und 1893 zur Neugründung von Maria Laach in der Eifel. Auch die Neugründung von Hildegards Kloster gehört in diesen Kontext. 1904 ziehen Benediktinerinnen aus Prag in die neue Abtei St. Hildegard im Weinberg oberhalb von Eibingen ein. Die Eibinger Benediktinerinnen legen in den 1920er-Jahren Grundsteine für eine moderne Hildegard-Forschung. Ohne sie hätten wir heute keine verlässlichen Textausgaben der Werke Hildegards. Die Äbtissin der heutigen Abtei St. Hildegard ist die Rechtsnachfolgerin Hildegards und gilt als »Äbtissin von Rupertsberg und Eibingen«.

3
AUTORITÄT DANK VISIONEN

Hildegard schreibt einen Großteil ihrer Werke in der Form von Visionen. Hatte sie Zugang zu geheimem Wissen über die Zukunft und Einblicke in das Ende der Welt? Oder litt sie unter Migräne und sah Lichterscheinungen? Bei heutigen Erklärungsversuchen stoßen wir auf diese Muster: Hildegards Werke werden fundamentalistisch als »wörtlich offenbart« verstanden – oder es wird eine scheinbar naturwissenschaftliche, (psycho-)pathologische Erklärung versucht.

Hilfreich ist jedoch ein Blick auf Hildegards eigene Texte – und zwar im Kontext ihrer Zeit. Im Mittelalter entsteht eine Vielzahl von Visionsschriften, auch durch andere Autoren und Autorinnen. Zudem fällt auf, dass der Frauenanteil unter ihnen besonders hoch ist. Wie kommt das?

EINE KLEINE FEDER

Hildegard sucht Unterstützung bei Bernhard von Clairvaux und bei Papst Eugen III. Bernhard antwortet höflich, aber wenig aussagekräftig auf Hildegards Brief. Ende der 1140er-Jahre wirbt er für einen zweiten Kreuzzug. In Trier – ca. 100 Kilometer westlich vom Disibodenberg – kommen daher die Bischöfe zusammen; auch Bernhard und Eugen sind anwesend. Hildegard nutzt diese Gelegenheit, um dem Papst eine Skizze ihres Buches zukommen zu lassen, begleitet von einem Brief. Auch Papst Eugen III. ist Zisterzienser – noch dazu ein ehemaliger Schüler Bernhards. Hildegard schreibt ihm:

O milder Vater, ich armseliges Gebilde habe dir dies in wahrer Schau geschrieben, im geheimnisvollen Hauch, so wie Gott es mich lehren wollte. […]
Und meine Seele ersehnt, dass das Licht vom Lichte in dir leuchte, dir reine Augen schenke und deinen Geist wach für dieses Schriftwerk mache, damit deine Seele, wie es Gott gefällt, dafür gekrönt werde. Denn viele irdisch gesinnte Kluge verwerfen es in der verborgenen Gesinnung ihres Geistes, weil es von einem armen Gebilde stammt, das aus einer Rippe erbaut und nicht von Philosophen belehrt worden ist.
Du also, Vater der Pilger, höre den, der ist: Ein mächtiger König thronte in seinem Palast. Hohe Säulen standen vor ihm, mit goldenen Bändern umwunden und mit vielen Perlen und kostbaren Steinen herrlich geziert. Diesem König aber gefiel es, eine kleine Feder zu berühren, dass sie wunderbar emporfliege. Und ein starker Wind trug sie, damit sie nicht sinke.
Nun spricht wiederum Er zu dir, der das lebendige Licht ist, das in der Höhe und im Abgrund leuchtet und sich auch nicht in der Verborgenheit hörender Herzen versteckt: Bestätige diese Schrift, damit sie denen zu Gehör gebracht werde, die für mich empfänglich sind. […] Hüte dich, diese göttlichen Geheimnisse zu verachten. Denn sie sind notwendig in einer Notlage, die verborgen ist und noch nicht offen zutage tritt. Lieblicher Duft erfülle dich; und ermüde nicht auf dem rechten Weg.[1]

Dieser Brief spricht – obwohl aus dem Lateinischen übersetzt – nicht unsere heutige Sprache. Die Kreuzzugsatmosphäre wird hörbar, wenn Hildegard den Papst als »Vater der Pilger« anredet. Hildegard gibt hier die gängige Meinung ihrer theologischen Kollegen über die Erschaffung der Frau wieder: Eva wurde ja nur aus der Rippe Adams geschaffen, also nachrangig, ein »armes Gebilde«. Hildegard wird später dieselbe Bibelstelle anders auslegen; aber hier hat sie gute Gründe, sich auf den Mainstream zu beziehen. Dass sie so schrecklich ungebildet sei, entspricht nicht ihrem Werdegang auf dem Disibodenberg, dem sie eine umfassende monastische Bildung verdankt. Aber auch hier hat Hildegard gute Gründe, tiefzustapeln.

EXPERIMENT

Was ist Ihr spontaner Gesamteindruck, was Tonfall und Atmosphäre in diesem Brief angeht?
Wer spricht hier eigentlich mit dem Papst?
An zentraler Stelle steht das Gleichnis vom König im Thronsaal. Was ist Ihre Meinung: Wer könnte mit der Feder, wer mit den Säulen, wer mit dem König gemeint sein?
Was verrät Ihnen Hildegard über sich selber?

DIE KIRCHE WANKT NICHT

Es fällt auf, dass hier nicht überall Hildegard selber den Papst anspricht. Ab dem dritten Abschnitt spricht »der, der ist«. Das ist eine Umschreibung für Gott – in Anspielung auf seinen geheimnisvollen Namen, den er in der Bibel (Exodus 3,14) Mose am Dornbusch offenbart. Hildegard schreibt dem Papst, was die Stimme Gottes von ihm will. Das macht Druck. Die göttliche Stimme ist eindeutig: Er soll Hildegards Schrift bestätigen!

Das Gleichnis vom König im Thronsaal ist vielschichtig. Am leichtesten fällt die Deutung der Feder: Sie erscheint als Bild für Hildegard selber: scheinbar ohnmächtig, leicht überseh- und unterschätzbar, ein Leichtgewicht im Unterschied zu den mächtigen Säulen. »Säulen« sind schon biblisch ein Bild für die Apostel, die die Kirche tragen. Bis heute sind Säulen in vielen lehramtlichen Texten Bilder für die Bischöfe als Nachfolger der Apostel. Wenn wir uns Bischöfe zu Hildegards Zeit vorstellen, fangen das goldene Schmuckwerk, die vielen Perlen und kostbaren Steine an zu schillern. Der König kann einerseits für Gott stehen, der die Feder berührt hat. Das Bild ist offen. Es ermöglicht dem Papst, hier auch einen Hinweis für sich selber zu entdecken: Er leitet ja gerade in Trier eine Versammlung der prächtigen Säulen der Kirche. Nun kann und soll er seinerseits dafür sorgen, dass die Feder mit der nötigen Unterstützung weiterfliegen kann.

Das Bild von der Kirche als Gebäude kennen wir auch aus anderen Zusammenhängen: Jahrzehnte später träumt Papst Innozenz III., wie die Kirche wankt und ausgerechnet durch Franz von Assisi gestützt wird. In Hildegards Bild wankt die Kirche nicht. Die Säulen stehen und erfüllen ihre statische Funktion. Hildegard lässt das Amt stehen und stellt seine Autorität nicht in Frage. Im Gegenteil: Mit diesem Brief erkennt sie den obersten Amtsinhaber an und will dessen Möglichkeiten für sich nutzen.

Die Ohnmacht der Feder ist nur die *eine* Seite des Bildes. Auf der *anderen* Seite verfügt die Feder über eine Form von Macht, die anders geartet ist als die Macht der Säulen. Die Feder hat keine Amtsautorität. Sie hat unmittelbare Autorität durch die Berührung des Königs. Leichtgewichtig ist sie viel flexibler als die prächtigen Säulen. Sie kommt in Ecken, die für die Säulen tote Winkel sind. Sie wird vom Wind, vom Heiligen Geist persönlich, getragen.

Dieser Brief zeigt in wenigen Zeilen: Hildegard ist eine Meisterin im Umgang mit Bildern. Sie weiß deren Vielschichtigkeit zu nutzen. Und sie ist eine Meisterin in Sachen Strategie. Eine Revolution, durch die die Kirche wackeln würde, geht von ihr nicht aus.

EXPERIMENT

Schlüpfen Sie nacheinander in verschiedene Rollen:

- Schwestern aus Hildegards Gemeinschaft
- Erzbischof Heinrich von Mainz (in dessen Erzbistum der Disibodenberg liegt)

- Abt Kuno vom Disibodenberg (der auch für die Frauenklause und deren Leiterin Verantwortung trägt)
- Papst Eugen III.

Stellen Sie sich vor: Sie bekommen (zufällig) vorab diesen Brief Hildegards in die Hände gespielt:
Was ist Ihre spontane Reaktion?
Was befürchten Sie in Ihrer Rolle: Welchen Schaden könnte er anrichten?
Welchen möglichen Nutzen können Sie aus Ihrer Perspektive für sich entdecken?
Kehren Sie aus Ihren Rollen zurück und stellen sich abschließend vor: Wenn Papst Eugen Sie fragen würde – was würden Sie ihm raten, wie er klugerweise weiter vorgehen kann?
Hinweis: Dieses Experiment ist rein fiktiver Natur! Es sind uns keine diesbezüglichen Zeugnisse überliefert. Überliefert ist lediglich, dass Papst Eugen etwas tat, was bis heute ein bewährtes Mittel (in Kirche und Politik...) ist: Er setzte eine Kommission ein!
In welchem »Heimatfilm« (Ihre eigene Situation in der Kirche heute, in anderen Machtstrukturen ...) waren Sie bei der Annäherung an die Fragen und bei Ihren Ratschlägen an den Papst unterwegs?
Wenn Sie an Hildegards Strategie denken: Was nehmen Sie für sich selber und Ihre eigenen Herausforderungen hier und heute mit?
Womöglich kennen Sie selber die Strategie, sich als unbedeutend und ungefährlich zu zeigen, um ein bestimmtes Ziel zu erreichen. Wo haben Sie gute Erfahrungen damit gemacht? Wo nicht?

PRAXISTIPP FÜR DIE GRUPPE

Bilden Sie vier Kleingruppen für die verschiedene Rollen. Jede Kleingruppe beantwortet die drei Fragen aus ihrer Perspektive. Dabei können verschiedene Stimmen auch innerhalb einer Kleingruppe laut werden.

Weiterarbeit: Zusammentragen aus den Kleingruppen, dann Sammeln von Ratschlägen an Papst Eugen III. im Plenum. Anschließend Austausch über die Fragen zur eigenen Situation.
Alternativ oder ergänzend können Sie Auszüge aus Margarethe von Trottas Hildegard-Spielfilm »Vision« (2009) zeigen. Hier kommt die »machtpolitische Funktion« von Visionen wunderbar rüber! Dieser Film ist über die diözesanen Medienstellen ausleihbar und kann in der kirchlichen Bildungsarbeit ohne weitere Gebühren eingesetzt werden.

ZWEI FORMEN VON AUTORITÄT

Hildegard beansprucht Autorität für sich: keine Amtsautorität, sondern unmittelbare göttliche Beauftragung. Wenn Hildegard die Stimme Gottes für den Papst wiedergibt und in ihren Visionswerken beschreibt, was Gott selbst ihr gezeigt und erklärt hat, passiert genau das: Sie schreibt mit unmittelbarer göttlicher Legitimation. Visionen »liefern« also Autorität!

Karl Rahner (1904–1984) hat sich im vergangenen Jahrhundert mit der Frage nach »Visionen und Prophezeiungen« auseinandergesetzt. Er kommt zu dem Ergebnis: Es ist gut, wenn es in der Kirche verschiedene Formen von Autorität gibt. Bei »Autorität in der Kirche« denken wir spontan an das Amt und die Hierarchie. Hier handelt es sich um eine mittelbare, durch Ordination legitimierte Autorität. Die hält Rahner für wichtig. Aber sie ist nicht alles. Denn Gottes Geist kann mehr! Er wirkt nicht nur in Ordinierten, sondern auch unmittelbar: in Propheten und Prophetinnen mit charismatischer Autorität. Beide Autoritäten stehen in einem spannungsreichen Verhältnis zueinander. Es ist gut, wenn sie offene Ohren füreinander haben. Und beide brauchen den Mut, sich der Frage zu stellen, wes Geistes Kind ihre Ziele und Inhalte sind.

NUR EINE FRAU

Nicht nur Hildegard betont, dass sie ungebildet und ein einfacher Mensch ist. Zu ihrer Zeit ist das typisch für theologische Schriften, die im Kloster entstehen. Deren Autoren und Autorinnen distanzieren sich so von den »gelehrten« Scholastikern und ihren dicken Büchern. »Einfach« sein, heißt nicht: naiv sein, sondern: unkompliziert, konzentriert auf das Wesentliche.

Hildegard betont auch, dass sie »nur« eine Frau ist. Sie setzt sich auch mit dem Vorwurf auseinander, warum Gott ausgerechnet einer Frau Visionen schickt, wo es doch so mächtige und gelehrte Männer in der Kirche gibt. Hildegard rüttelt nicht daran, dass Frauen als schwach und ungebildet gelten. Aber sie dreht den Spieß um und lässt das System für sich arbeiten: Steht nicht in der Bibel, dass Gott eine besondere Schwäche für das Schwache und die Schwachen hat?

Hier bekommt eine Bibelstelle aus dem ersten Korintherbrief einen neuen Klang:

> *Das Törichte an Gott ist weiser als die Menschen und das Schwache an Gott ist stärker als die Menschen. Seht doch auf eure Berufung, Brüder und Schwestern! Da sind nicht viele Weise im irdischen Sinn, nicht viele Mächtige, nicht viele Vornehme, sondern das Törichte in der Welt hat Gott erwählt, um die Weisen zuschanden zu machen, und das Schwache in der Welt hat Gott erwählt, um das Starke zuschanden zu machen. Und das Niedrige in der Welt und das Verachtete hat Gott erwählt: das, was nichts ist, um das, was etwas ist, zu vernichten, damit kein Mensch sich rühmen kann vor Gott.*
> (1 Kor 1,25–29)

Paulus denkt hier nicht an Geschlechterrollen. Er muss plausibel machen, dass Gott seine Kraft und Weisheit ausgerechnet in einem Gekreuzigten offenbart – in der Antike ist das ein Skandal! Im zwölften

Jahrhundert entdecken einige schreibende Frauen genau diese Bibelstelle für sich – neben Hildegard auch ihre Ordenskollegin Elisabeth von Schönau. Auch sie schreibt ihre Werke in der Form von Visionen. Elisabeth und Hildegard beziehen diese Verse auf sich und ihre Tätigkeit als Autorinnen: Gerade weil sie als Frauen als schwach und töricht, niedrig und verachtet gelten, wird ihnen die Gnade zuteil, göttliche Visionen niederzuschreiben.

Hildegard bezeichnet sich immer wieder als *paupercula feminea forma*, als »armes kleines weibliches Gebilde«. Sie geht sogar so weit, die Regeln der lateinischen Grammatik neu zu interpretieren, wenn sie sich als *homo indocta* bezeichnet. *Homo* heißt Mensch und ist wie im Deutschen grammatikalisch männlich. Ein ungelehrter Mensch würde auf Latein *homo indoctus* heißen. *Homo indocta* müssen wir daher übersetzen mit »ein Mensch, die ungelehrt ist«.

Hildegard hat ihre Geschlechterrolle reflektiert, instrumentalisiert, neu interpretiert. Nicht: revolutioniert!

EINE AUTORIN UND IHR SEKRETÄR

Auf Seite 45 sehen Sie die älteste Darstellung Hildegards *(Abb. 1)*. Sie stammt aus dem Rupertsberger Scivias-Codex, der in der Schreibstube ihres eigenen Klosters in Bingen entstand, vielleicht in den 1170er-Jahren, noch zu ihren Lebzeiten. Das Original wurde, um es vor Bomben zu schützen, im Zweiten Weltkrieg nach Dresden ausgelagert und ist seit 1945 verschollen. Vor hundert Jahren fertigten die Schwestern der Abtei St. Hildegard jedoch eine detailgetreue Kopie an, die auch heute noch in Eibingen liegt. Aus ihr stammt das Bild, das vorne – wie im Mittelalter üblich – die Autorin zeigt:

Hildegard sitzt in ihrem Kloster, die Füße auf einem Schemel. So kann sie leichter auf ihrem linken Oberschenkel mehrere Wachstafeln halten. In die ritzt sie ihre Notizen mit einem Griffel (lateinisch *stilus)*. An der Seite, mit der sie schreibt, ist er spitz. An der anderen Seite ist er breit. Wenn sie etwas korrigieren will, kann sie ihn umdrehen, mit der breiten Seite das Wachs flachklopfen und neu beschreiben. Ihr Kopf wird erfasst von fünf Feuerstrahlen. Die erinnern nicht zufällig an Pfingstdarstellungen. So wird deutlich: Hier schreibt eine Prophetin – und zwar nicht aus sich selbst heraus, sondern durch göttliche Eingebung! Dass es fünf sind, ist möglicherweise eine Anspielung auf die fünf Sinne – davon mehr im nächsten Kapitel!

Auf der rechten Seite sitzt ihr Sekretär, der Mönch Volmar. Beide sind nicht im selben Raum, sondern durch eine Wand getrennt. Aber es gibt ein Fenster, durch das Volmar mit Hildegard sprechen kann. Volmar schreibt nicht auf Wachstafeln. Auf seinem Schoß ist Pergament erkennbar. Er ist für die erste Abschrift verantwortlich. Hildegard sitzt im Zentrum und ist ein Stück größer als Volmar dargestellt. Das heißt: Sie ist die Autorin. Er ist (nur) der Sekretär.

Auf visionäre Autorinnen und ihre Sekretäre stoßen wir öfter im Mittelalter. Elisabeth von Schönau wird von ihrem Bruder Ekbert unterstützt. Wir wissen, dass Ekbert nicht nur Sekretär war, sondern sich auch inhaltlich einmischte: Er meinte, manches theologisch korrigieren zu müssen. Was Hildegard und Volmar angeht, regelt Hildegard selber die Grenzen, in denen Volmar sich bewegen darf: Wenn ihre lateinische Grammatik zu wünschen übriglässt, darf er eingreifen. Inhaltlich darf er nichts verändern.

Nicht nur Hildegard und Elisabeth schreiben Visionen nieder. Auch moderne Sekten kennen visionäre Gründergestalten. Auch für sie gilt: Visionen »liefern« Autorität! Visionen alleine machen keine Kirchenlehrerin. Hier hilft nur ein Blick auf den Inhalt. Damit sind wir bei der Frage, die schon Karl Rahner bewegte: Wes Geistes Kind sind Visionen?

ABB. 1: RUPERTSBERGER SCIVIAS-CODEX,
DIE AUTORIN UND IHR SEKRETÄR (TAFEL 1)

4

EINSICHT SCHMECKEN IN DEN SINN DER BIBEL

Von Eugen III. ist kein Antwortschreiben auf Hildegards Brief überliefert. Da ihre Bitte an den Papst einen Wendepunkt in ihrer Biographie bedeutet, ist davon auszugehen, dass der Papst sie als Prophetin anerkannte. Was könnte ihn überzeugt haben?

EXPERIMENT

Stellen Sie sich vor: Sie sind Mitglied der Kommission, die im Auftrag des Papstes Hildegard und ihre Schriften prüft.
Welche Fragen würden Sie Hildegard stellen?
Worauf achten Sie beim Lesen ganz besonders?
Was ist Ihnen für Ihre Entscheidung wichtig?

DER STELLENWERT DER BIBEL

Christen glauben, dass Gott sich offenbart hat, ja sogar, dass er das immer noch tut. Er zeigt uns seine Spuren: in der Schöpfung, in der Geschichte mit seinem Volk, im Leben und Sterben Jesu, in den Büchern der Bibel. Die Bibel ist die verbindliche Überlieferung menschlicher Erfahrungen mit dem Geheimnis Gottes. Der Kanon der Bibel ist abgeschlossen. Eine zusätzliche Offenbarungsschrift jenseits der

Bibel (beispielsweise das Buch Mormon, das den Mormonen heilig ist) lehnt die Mehrheit der Christen ab.

Im Vorwort zu *Scivias* schreibt Hildegard von ihrer Berufungserfahrung. Hier wird deutlich, um was es ihr inhaltlich bei ihren Visionen geht:

> *Und plötzlich verstand ich die Bedeutung der Schriftauslegung, nämlich des Psalters, des Evangeliums und der anderen katholischen Bände sowohl des Alten als auch des Neuen Testaments. […]*
> *Die Visionen aber, die ich schaute, habe ich weder in Träumen noch schlafend noch in Geistesverwirrung noch mit den leiblichen Ohren des äußeren Menschen noch an verborgenen Orten wahrgenommen, sondern ich empfing sie wachend und umsichtig bei klarem Verstand mit den Augen und Ohren des inneren Menschen an zugänglichen Orten nach dem Willen Gottes. Auf welche Weise das geschieht, ist für einen Menschen im Fleisch schwer zu verstehen.*[2]

Im Lateinischen heißt es wörtlich im ersten Satz: »Und plötzlich schmeckte ich Einsicht«. Hier steht das Wort *intellectus.* Darin stecken *intus* und *legere,* »innen« und »lesen«. Hildegard nimmt für sich in Anspruch, im Inneren der Heiligen Schrift lesen zu können, das Innere der Bibel zu verstehen!

Das bedeutet auch: Es geht ihr nicht um völlig neue Inhalte, um Zusatzoffenbarungen, die über die Bibel hinausgehen. Sondern um Einsicht dessen, was längst offenbart ist. Hildegard wird durch ihre Berufungserfahrung zur Bibelauslegerin. In ihren Briefen wirft sie den Priestern immer wieder vor, dass sie ihrer Aufgabe nicht nachkommen: Sie sollten eigentlich für die Menschen die Bibel auslegen und kümmern sich stattdessen um das Anhäufen von Ämtern und Reichtümern. In Hildegards Selbstverständnis beruft Gott sie, damit das geschehen kann, was in seiner Kirche geschehen soll: Einsicht in den Sinn der Schrift!

Hildegard nennt einzelne Bücher der Bibel. Kein Zufall ist, dass an erster Stelle der Psalter steht, das Buch der hundertfünfzig Psalmen. Mit ihnen ist sie jede Woche ihres Lebens unterwegs, denn als Benediktinerin singt sie alle Psalmen, wie von der Ordensregel Benedikts vorgesehen, aufgeteilt auf sieben Wochentage sieben Mal am Tag.

DIE INNEREN SINNE

Noch etwas fällt auf: Hildegard »schmeckte« Einsicht! Die Einsicht ist also eine sinnliche Angelegenheit. Gleichzeitig legt Hildegard Wert darauf, dass sie ihre Visionen nicht mit den leiblichen bzw. äußeren Sinnen empfing. Hier macht sie deutlich, dass sie mit der Tradition der geistlichen, inneren Sinne vertraut ist. Diese ist eng mit der Überzeugung vom inneren Sinn der Schrift verknüpft.

Sie geht auf Origenes (um 180–254) zurück, der als Christ in Alexandrien lebte und für sein Bibelstudium viel von den dortigen Juden profitierte. Wie sie war er überzeugt: Wer die Bibel verstehen will, muss sich zuerst um ihre Buchstaben und Wörter kümmern. Aber der innere Sinn der Bibel ist größer als die äußeren Buchstaben und Wörter. In der Begegnung mit den Wörtern kann es geschehen, dass uns das Wort begegnet. Das Wort Gottes ist größer als die Wörter der Bibel. Für Origenes ist es ein Du: Jesus Christus.

Wer im Inneren der Bibel Sinn finden will, braucht offene Sinne. Origenes meinte, dass wir auch in unserem Inneren sehen und hören können. Auf ihn geht die Tradition zurück, dass wir nicht nur mit fünf, sondern zehn Sinnen ausgestattet sind: fünf leiblichen und spiegelbildlich dazu fünf geistigen, mit denen wir innerlich schauen und verstehen, begreifen, riechen und verkosten können. Hildegard greift genau diese Tradition auf, wenn sie betont, dass sie nicht mit den leiblichen, äußeren Augen und Ohren ihre Visionen empfing.

In derselben Tradition steht übrigens vierhundert Jahre später auch Ignatius von Loyola (1491–1556), wenn er in seinem Exerzitienbuch empfiehlt, sich selber mit allen Sinnen auf eine Bibelstelle einzulassen, damit sie in der je eigenen Biographie Gegenwart werden kann. Berühmt ist sein Satz »Nicht das Vielwissen sättigt die Seele und schenkt ihr Frieden, sondern das innere Fühlen und Verkosten der Dinge.« Dass Ignatius das Verkosten an letzter (und damit höchster) Stelle nennt, entspricht der Tradition der geistlichen Sinne, die auch Hildegard schreiben lässt: »Ich schmeckte Einsicht!«

EIN ÜBUNGSWEG MIT DER BIBEL

Als Benediktinerin kennt Hildegard täglich feste Zeiten für das Lesen der Bibel. Das Lesen in Antike und Mittelalter geschieht anders als bei uns im halblauten Murmeln. Aus dem Mittelalter sind uns die folgenden Schritte für das Lesen der Bibel überliefert:

Was sagt eine Bibelstelle? Was verrät der äußere Wortlaut?

Welche Formulierung klingt hier und heute nach? Dieses persönliche Echo wird wie ein Mantra wiederholt. Mittelalterliche Mönche und Nonnen nennen dies *ruminare,* wörtlich: wiederkäuen. Wie die Kuh ihr Gras immer wieder hervorholt und neu durchkaut, hoffen sie darauf, dass Nahrhaftes aus der Bibel hängen bleibt. Manche Bibelstellen sind auch schwer verdaulich und müssen deshalb mehrmals durchgekaut werden.

Was lässt diese Bibelstelle zu Gott sagen? Nicht alles, was in der Bibel steht, fällt jedem Menschen gleich ins Herz oder ist geeignet als persönliches Gebet. Aber die Bibellesung kann zum Sprungbrett werden, sich mit eigenen Worten ins Beten zu wagen.

Es kann, aber muss nicht geschehen, dass Geschmack in dic Begegnung mit einer Bibelstelle kommt, dass sich eine neue Sicht einstellt, dass Einsicht geschenkt wird.

DIE BIBEL HAT MEHR ALS EINE BEDEUTUNG

Wenn Hildegard die Schrift auslegt, ist sie vertraut mit der Tradition vom mehrfachen Schriftsinn. Auch diese Tradition geht auf Origenes und auf die Kunst jüdischer Schriftauslegung zurück: Ein und dieselbe Bibelstelle hat nicht nur eine Bedeutung, sondern entwickelt unter verschiedenen Perspektiven verschiedene Dimensionen. Man kann sie so oder so anschauen. Im Mittelalter geht man vom vierfachen Schriftsinn aus. Beispiel dafür ist die Stadt Jerusalem.

Der *wörtliche* Sinn: Ausgangspunkt ist das, was der Wortlaut hergibt. Am Palmsonntag zieht Jesus auf einem Esel in Jerusalem ein.

Der *allegorische* Sinn (was Allegorien und Allegoresen sind, werden Sie in Kapitel 5 noch besser kennenlernen!): Der zweite Sinn schaut mit den Augen des christlichen Glaubens auf eine Bibelstelle. Hier kann Jerusalem zum Symbol für die Kirche werden. Christus möge doch bitte auch endlich in seiner Kirche ankommen, die ihn so sehr vermisst!

Innerhalb des zweiten Schriftsinns ist es möglich, Psalmen auf Christus zu beziehen. Dies geschieht schon im Neuen Testament, wenn Psalm 22 mit dem berühmten Vers »Mein Gott, warum hast du mich verlassen?« dem Gekreuzigten in den Mund gelegt wird und der ganze Psalm zum Zeugnis vom Leiden und von der österlichen Rettung Jesu wird.

Der *moralische* Sinn: Wenn Christus nur in eine ferne Stadt oder in seine Kirche einzieht, ist das zu wenig. Jerusalem kann auch ein Symbol für die Seele, für den einzelnen Menschen sein: Er möge doch bitte auch in mir ankommen!

Weil im Rahmen des dritten Schriftsinns Tugenden und Laster, Engel und Dämonen im Innern eines Menschen auftreten und ihn bewegen wollen, dies oder jenes zu tun oder zu lassen, heißt diese Perspektive der »moralische« Sinn.

Der *anagogische* Sinn: Jerusalem ist schon im Neuen Testament auch ein jenseitiger Sehnsuchtsort: das himmlische Jerusalem aus dem letzten Buch der Bibel. Innerhalb des vierten Schriftsinns geht es um die Perspektive auf die Vollendung, mit der Gott auf uns zukommt. *Anagogeín* heißt auf Griechisch »hinaufführen«. Dieser Schriftsinn zeigt eine Perspektive, die über diese Welt hinaus geht.

Die Vier ist eine symbolisch wichtige Zahl und steht für Vollkommenheit: nicht für göttliche Vollkommenheit wie die Drei, sondern für irdische. Außer den vier Sinnen der Schrift gibt es auch vier Jahreszeiten und vier Himmelsrichtungen. In Kapitel 13 werden Sie außerdem vier Elemente und vier Körpersäfte entdecken.

In der Praxis begegnet uns im Mittelalter jedoch zumeist ein Dreischritt, auch bei Hildegard. Wenn sie in ihrem Buch der göttlichen Werke das erste Kapitel der Genesis auslegt, betrachtet sie für jeden der sieben Schöpfungstage zuerst den wörtlichen, dann den allegorischen und dann den moralischen Schriftsinn. Innerhalb des zweiten Schriftsinns entdeckt sie, wie Gott die Kirche entstehen lässt und wunderbar ausstattet. Innerhalb des dritten Schriftsinns entdeckt sie an jedem Schöpfungstag einen Hinweis auf die wunderbare innere Ausstattung des Menschen. Gott schickt ihm mit jedem Schöpfungstag Tugenden, mit denen er seiner Verantwortung in der Welt gerecht werden kann (vgl. Kapitel 10).

EIN PSALM UND VIER PERSPEKTIVEN

Psalm 23 ist der Lieblingspsalm vieler Menschen. Wo im Folgenden HERR in Großbuchstaben steht, steht im Hebräischen der Gottesname JHWH, den Jüdinnen und Juden aus Ehrfurcht nicht aussprechen. In der lateinischen Bibelübersetzung, die Hildegard vertraut war, steht für JHWH *dominus*. Auch das heißt auf Deutsch »Herr«.

1b *Der HERR ist mein Hirt, nichts wird mir fehlen.*
2 *Er lässt mich lagern auf grünen Auen und führt mich zum Ruheplatz am Wasser.*

3 *Meine Lebenskraft bringt er zurück.*
Er führt mich auf Pfaden der Gerechtigkeit, getreu seinem Namen.
4 *Auch wenn ich gehe im finsteren Tal, ich fürchte kein Unheil;*
denn du bist bei mir, dein Stock und dein Stab, sie trösten mich.
5 *Du deckst mir den Tisch vor den Augen meiner Feinde.*
Du hast mein Haupt mit Öl gesalbt, übervoll ist mein Becher.
6 *Ja, Güte und Huld werden mir folgen mein Leben lang*
und heimkehren werde ich ins Haus des HERRN für lange Zeiten.

Was verrät uns der Wortlaut? Am Anfang wird Gott mit einem Hirten verglichen, der weiß, wo es Wiesen und Wasser für seine Herde gibt. Wie ist der Satz in Vers 4 gemeint: »Ich fürchte kein Unheil«? Wie kann das stimmen trotz unserer Erfahrung, Angst zu haben? Kinder sagen manchmal: »Ich hab gar keine Angst« – nicht, *weil* es stimmt, sondern *damit* es stimmt. Vielleicht haben wir es hier mit solch einer Zusage an sich selber zu tun. Stock und Stab sind Werkzeuge des Hirten: Mit dem kurzen Stock verteidigt er seine Herde gegen Raubtiere; mit dem langen Stab lenkt er seine Tiere und sichert ihnen den Weg, wenn er steil wird oder durch Geröll führt.

Vers fünf wechselt vom Bild des Hirten zu dem des Gastgebers, der den Tisch gedeckt hat. Schon das Bild des Hirten ist keine Idylle; denn seine Werkzeuge Stock und Stab lassen erkennen, dass feindliche Mächte seine Herde bedrohen. Auch Vers fünf rechnet nicht mit einem unbeschwerten Mahl, sondern nimmt ernst, dass es im Leben Feinde gibt.

Jedoch hat der Beter oder die Beterin mit Gottes Hilfe so viel Souveränität gewonnen, dass er oder sie den Feinden zum Trotz und unter ihren Augen essen kann! Beim Festmahl wird zu Ehren des Gastes über ihm teures, parfümiertes Öl vergossen.Am Ende steht die

Sehnsucht, möglichst lange da wohnen zu können, wo Gott ist, bei ihm zu Hause zu sein. Das Haus des Herrn ist in der Bibel meistes eine Umschreibung für den Tempel in Jerusalem.

EXPERIMENT

Lassen Sie sich auf diesen Psalm ein wie Mönche und Nonnen im Mittelalter. Das Lesen und »Wiederkäuen« können Sie verbinden mit dem mehrfachen Schriftsinn und sich diesem Psalm aus verschiedenen Perspektiven annähern:

Für ein wörtliches Verständnis finden Sie in der o.g. Erklärung Hilfen Vers für Vers.

Dem Juden Jesus waren die Psalmen bestens vertraut. Auch er hatte Feinde. Der größte Feind, mit dem er es zu tun bekam, war der Tod. Sie können diesen Psalm als Gebet Jesu lesen, der Mut und Trost sucht für das, was ihm bevorsteht. Sie können ihn auch als Osterbotschaft lesen: Gott hat Jesus das finstere Tal nicht erspart, aber er war da – anders als erwartet. In der Auferstehung hat er ihn zu sich geholt, wo ihm nichts fehlt.

Sie können diesen Psalm aus ihrer eigenen Perspektive lesen: Mit welchen Feinden schlagen Sie sich selber gerade herum? Das müssen keine Menschen sein. Auch Krankheiten oder Strukturen können Feinde sein. Welche Ruheplätze tun Ihnen gut? In welchem finsteren Tal hoffen Sie, nicht allein zu sein?

Sowohl bei Juden als auch Christen wird dieser Psalm gerne für Bestattungen gewählt. Sie können ihn lesen in Solidarität mit einem sterbenskranken oder verstorbenen Menschen: als Ausdruck der Hoffnung, dass er oder sie im finsteren Tal nicht allein ist oder heimgekehrt ist zu Gott. Aus christlicher Perspektive können Sie im Hirten und Gastgeber auch Christus als »guten Hirten« sehen.

Wenn Sie nun in sich hineinhören: Was ist *jetzt* da? Das können Zorn und Klage sein – beispielsweise über die Macht der Feinde oder das

finstere Tal. Das kann eine Bitte sein – für den eigenen Weg oder den eines geliebten Menschen. Oder Lob und Dank. Egal ob mit oder ohne Worte – halten Sie das, was Sie bewegt, im Gebet in die Gegenwart Gottes.
Lesen Sie zum Abschluss den ganzen Psalm oder einzelne Verse, die Ihnen wichtig geworden sind, noch einmal. Vielleicht haben sie sich verändert, einen anderen Klang bekommen, schmecken anders. Vielleicht auch nicht. Lassen Sie es, wie es ist.

PRAXISTIPP FÜR DIE GRUPPE

Schicken Sie die Teilnehmenden mit ausreichend Zeit für das Lesen/Wiederkäuen und persönliche Beten an einen anderen Ort.
Bitten Sie vorher die Teilnehmenden, einen eigenen Gebetssatz aufzuschreiben und mitzubringen.
Wenn alle zurück im Plenum sind, können Sie die Gebetssätze je nach Gattung (Klage, Bitte, Dank, Lob) den vier verschiedenen Ecken des Raumes zuordnen. Aus den mitgebrachten Gebetssätzen kann dann im Plenum ein gemeinsames Psalm-Gebet der Gruppe entstehen.

DIE HERRLICHKEIT DES WORTES SCHAUEN

Hildegard legt neben vielen Psalmen vor allem *eine* Bibelstelle im Laufe ihres Lebens immer wieder aus: das erste Kapitel des Johannesevangeliums. Hier heißt es:

Und das Wort ist Fleisch geworden
und hat unter uns gewohnt
und wir haben seine Herrlichkeit geschaut,
die Herrlichkeit des einzigen Sohnes vom Vater,
voll Gnade und Wahrheit. (Joh 1,14)

Sie werden Hildegards Auslegung von Joh 1 in Kapitel 7 näher kennenlernen. Für unsere Suche nach ihrem visionären Selbstverständnis ist ein Wort aus Joh 1,14 wichtig: das Wort »schauen«! Hildegard glaubt an einen Gott, der sich mitteilt: Er macht sich sichtbar, er teilt seine Schönheit und Herrlichkeit mit, er möchte Kommunikation. Für Hildegard als Christin ist der Brennpunkt dieser Mitteilung Gottes niemand anderes als Christus, das fleischgewordene Wort Gottes. Sie nimmt für sich in Anspruch, dass sie in ihrem Inneren das Wort geschaut hat. Sie glaubt: Auch wenn wir wie sie viele Jahrhunderte nach Christus leben, können auch wir die Herrlichkeit des Wortes schauen und uns auf die Kommunikation mit Gott einlassen. Denn die Schönheit der Schöpfung draußen ist voll von seinen Spuren. Auch in unserem Inneren können wir das Wort schauen. Denn die Ausstattung mit zehn Sinnen ist kein Exklusivanspruch Hildegards, sondern gehört zu jedem Menschen. Mit all unseren Sinnen können wir uns auf die Worte der Schrift einlassen und offen werden für das Wort. In der Schöpfung können wir mit dem Schöpfer zusammenwirken (vgl. Kapitel 10). Grundsätzlich ist jeder Mensch zum Schauen berufen!

VERWURZELT IM EIGENEN HORIZONT

Für Hildegard gibt es einen inneren Zusammenhang zwischen ihren Visionen und ihrem Glauben daran, dass Gott Mensch wird – auch in ihr! Menschwerdung ist etwas sehr Konkretes in Raum und Zeit. Das heißt dann auch: Hildegard schaut ihre Visionen mit ihrem eigenen Horizont – als ein Mensch des zwölften Jahrhunderts. Wir finden in Hildegards Texten die Perspektive einer hochmittelalterlichen adeligen Nonne. Sie ist – wie wir alle – Kind ihrer Zeit, verwurzelt in ihren Koordinaten.

Wenn wir an unseren Umgang mit der Bibel denken, finden wir hier Anhaltspunkte, die auch für den Umgang mit Hildegard hilfreich sind. Wir glauben, dass Gottes Geist in der Bibel am Werk ist. Trotzdem nehmen wir sie nicht wörtlich. Nach heutigem Wissensstand enthält die Bibel etliche Irrtümer. Unser Glaube an das Wirken des Geistes bezieht sich auf eine tiefere Ebene, nicht auf naturwissenschaftliche Details. Das gilt für Hildegards Werke, die der Bibel untergeordnet sind, erst recht. Zum Beispiel schreibt sie in *Scivias,* dass die Geburt verkrüppelter Kinder eine Strafe für Eltern ist, die Formen der Empfängnisverhütung praktizieren. Da können wir heute getrost sagen: Nein, das sehen wir anders! Wir müssen von Hildegard keine Patentantworten auf alle unsere Fragen erwarten. Gleichzeitig können wir uns mit Neugier, Gelassenheit und Respekt auf ihr Werk einlassen.

GOTT WIRD SICHTBAR

Hildegards Hauptwerk lässt sich zusammenfassen in dem Satz: »Gott wird sichtbar«. Hildegard entfaltet ihn unter verschiedenen Aspekten: Die Visionen in *Scivias* sind an der Heilsgeschichte orientiert. Sie zeigen, wie Gott sichtbar wird in der Schöpfung, im Alten Bund, im Neuen Bund, schließlich am Ende der Welt, das dank Gott einen neuen Anfang bedeutet.

Die Visionen im *Liber vitae meritorum,* dem Buch der Lebensverdienste, werben dafür, dass Gott sichtbar werden will in den Entscheidungen des Menschen: Tugenden und Laster treten hier auf und laden den Menschen zur Kooperation ein. Der Mensch kann und soll sich so entscheiden, dass Gott in seinem Wirken sichtbar wird.

Die Visionen im *Liber divinorum operum,* dem Buch der göttlichen Werke, haben wie in Scivias Interesse an der Heilsgeschichte, aber auch am Kosmos im Großen und am Menschen im Kleinen. Hier finden sich Hildegards große Kommentare zum ersten Kapitel des Johannesevangeliums und zum ersten Kapitel der Genesis (in dieser Reihenfolge!). Dieses Alterswerk Hildegards lässt sich zusammenfassen in dem Satz: Gott wird sichtbar in Raum und Zeit und im Menschen.

Wenn wir hier bereits den Gedanken einbeziehen, dass Gott nicht nur sicht-, sondern auch hörbar wird, lässt sich für Hildegards Gesänge sagen: Gott wird hörbar in Hildegards Kompositionen. Die Texte ihrer Gesänge machen sein Wirken in sprachlichen Bildern sichtbar, ihre Melodien machen das Echo himmlischer Harmonien hörbar! Um Hildegards Musik wird es in Kapitel 12 gehen.

EINE SAPHIRBLAUE MENSCHENGESTALT

Das Bild auf Seite 59 *(Abb. 2)* stammt wie die Autorinnendarstellung auf Seite 45 *(Abb. 1)* aus dem Rupertsberger Scivias-Codex. Es folgt der Beschreibung einer Vision Hildegards und zeigt, wie der unbegreifliche Gott sichtbar wird. Selbst die Unbegreiflichkeit Gottes kann man in diesem Bild erahnen: in dem silbernen Außenkreis, der so unbegreiflich ist, dass er den Rahmen sprengt und sich links und rechts nicht an die Bordüre hält, die eigentlich das Bild einfassen soll. Der silberne Außenkreis steht für die Dimension Gottes, die wir »Vater« nennen. Er umfließt einen rotgoldenen Kreis. Dieser deutet hin auf die Kraft, die wir »Geist« nennen. In der Mitte erscheint eine saphirfarbene Menschengestalt mit Händen in Gebetshaltung. Diese Erscheinung Gottes in Menschengestalt nennen wir »Sohn«. Dass sie in der Farbe des Saphirs erscheint, hat biblische Hintergründe: In Exodus 24,10 erscheint beim Bundesschluss der Boden, auf dem Mose und die Ältesten Gott schauen können, blau wie Saphir. Hildegard hat also gute Gründe, die Farbe des Saphirs zu sehen, wenn Gott sich sichtbar macht.

Folgen wir Hildegards Text aus *Scivias,* handelt es sich bei diesem Bild um die Dreifaltigkeit. Im vorigen Kapitel haben wir in Hildegards Brief an den Papst entdeckt: Bilder sind mehrschichtig. In diesem Kapitel haben wir beim vierfachen Schriftsinn entdeckt: Auch eine Bibelstelle kann mehrere Bedeutungen haben. Es gibt mehr als eine Perspektive!

Daher können wir auch mit dieser Illustration offen umgehen. Wir können in der Gestalt in der Mitte auch Hildegard selber sehen: als

Prophetin, die mit offenen Händen mitten im Geheimnis Gottes steht, um- und durchglüht von seinem Wirken, das sie, ein konkreter Mensch ihrer Zeit, sichtbar macht in ihren Werken.

Und wir können schließlich auch uns selbst in der Mitte sehen: Auch wir sind ja Erscheinung des unbegreiflichen Gottes! Auch uns um- und durchglüht sein geheimnisvolles Wirken. Wir sind berufen, es sichtbar zu machen in unserer Welt.

ABB. 2: RUPERTSBERGER SCIVIAS-CODEX,
ILLUMINATION VISION II 2 (TAFEL 11)

5

IN BILDERN DENKEN

Hildegards letztes Werk, das Buch der göttlichen Werke, schreibt sie als über Siebzigjährige. Es umfasst zehn Visionen. In der zehnten und letzten erscheint ein Rad – und in dem Rad die Gestalt der Liebe:

Darauf sah ich […] gleichsam ein Rad von erstaunlichem Umfang, das Ähnlichkeit mit einer leuchtend weißen Wolke hatte und nach Osten gewandt war. Eine dunkle Linie wie der Atem eines Menschen teilte es in der Mitte quer, und zwar von der linken zur rechten Seite. Auf der Mitte dieses Rades oberhalb der Linie zeigte sich eine andere Linie, rötlich schimmernd wie das Morgenrot, die vom oberen Rand dieses Rades bis zur Mitte der erwähnten Linie herabführte. Der obere Teil dieser Radhälfte sandte von links bis zu seiner Mitte grüne Farbe aus. Von der rechten Seite bis zur Mitte leuchtete rote Farbe, und zwar so, dass diese beiden Farben auf gleiche Flächen verteilt waren. Die Radhälfte aber, die quer unterhalb der erwähnten Linie war, zeigte eine fahle, von Schwarz untermischte Farbe.
Und siehe: Mitten in diesem Rad sah ich auf der erwähnten Linie wieder die Gestalt, die mir vorher als die Liebe (caritas) bezeichnet worden war […]. Ihr Antlitz leuchtete wie die Sonne, ihr Gewand glänzte wie Purpur, um ihren Hals hatte sie eine goldene Kette, die mit Edelsteinen geschmückt war, und sie trug Schuhe, die wie Blitze strahlten.
Aber vor dem Antlitz dieser Gestalt erschien eine Art Tafel, die wie Kristall leuchtete. Auf ihr stand geschrieben: Eine schöne Gestalt, glänzend wie Silber, werde ich offenbaren, denn die Gottheit, die ohne Anfang ist, strahlt in großer Helligkeit. […]

Und die Gestalt blickte auf die Tafel. Dadurch bewegte sich die Linie, auf der sie saß, und wo dann diese Linie des genannten Rades mit dessen linker Seite verbunden schien, wurde der äußere Teil des Rades für kurze Zeit wie Wasser und dann über die Mitte der Hälfte des Rades hinaus, die unter der erwähnten Linie quer gezogen war, glühend rot und danach klar und leuchtend, und schließlich wurde sie wie ein unruhiges und stürmisches Unwetter, und zwar nahe dem Ende der Hälfte, wo die erwähnte Linie dieses Rades befestigt war.[3]

EXPERIMENT

Versuchen Sie, zunächst vor Ihrem inneren Auge ein Bild entstehen zu lassen, das Hildegards Text entspricht. Vielleicht machen Sie die Erfahrung: Es ist gar nicht so einfach, Hildegards detaillierten Beschreibungen zu folgen. Vielleicht kam Ihnen bei Ihrem Selbstversuch die Idee: Leichter wäre es, wenn Sie sich eine Skizze machen. Stellen Sie sich also vor: Sie arbeiten in der Schreibstube von Hildegards Kloster und sollen diesen Visionstext illustrieren. Versuchen Sie, das Rad zu zeichnen: mit allen Linien, die es teilen, und der Gestalt, die in der Mitte sitzt, vor allem mit den verschiedenen erwähnten Farben.

PRAXISTIPP FÜR DIE GRUPPE

Wenn die Teilnehmenden das Rad malen, sieht es jedes Mal anders aus. Es gibt nicht die *eine* »richtige« Umsetzung des Textes, sondern mehrere Möglichkeiten.
Veranstalten Sie eine »Ausstellung« der gemalten Bilder innerhalb der Gruppe mit anschließendem Austausch. Das Bild auf Seite 63 *(Abb. 3)* aus dem Lucca-Codex ist ebenso Teil der Ausstellung wie alle anderen Bilder auch. Es ist nicht die »richtige« Umsetzung, sondern *ein* möglicher Versuch, mehr nicht.

EIN BILD UND SEINE ERKLÄRUNG

Im sogenannten Lucca-Codex (nach seinem heutigen Aufenthaltsort in der Bibliothek von Lucca in der Toscana) ist eine Illustration zu dieser Vision überliefert (vgl. Seite 63 *Abb. 3*). Diese Handschrift entstand im 13. Jahrhundert, Jahrzehnte nach Hildegards Tod. Wo sie entstand, konnte noch nicht geklärt werden, anders als der Rupertsberger Scivias-Codex jedenfalls nicht in ihrem eigenen Kloster in Bingen.

Nach Hildegards Beschreibung ihrer Vision hört sie eine Stimme vom Himmel, die ihr das Bild erklärt. Die Erklärung des Bildes fällt – wie bei allen Visionen Hildegards – wesentlich länger aus als die Beschreibung, in diesem Fall umfasst sie ungefähr das Fünffache! Hier eine Kurzfassung:

Das Rad weist hin auf den unendlichen Gott.

Die dunkle Linie, die das Rad horizontal teilt, weist hin auf den Willen Gottes.

Die rot glänzende Linie, die das Rad vertikal teilt, weist hin auf die Vollkommenheit Gottes.

Die grüne Farbe steht für die Grünkraft, für die Lebenskraft, die Gott seiner Schöpfung gab.

Die rote Farbe steht für die Wandlungskraft Gottes, mit der er das, was seine Geschöpfe tun, wandelt und vollendet.

Dass die grüne und die rote Fläche gleich groß sind, weist darauf hin, dass die Ewigkeit weder Anfang noch Ende hat.

Die untere Radhälfte in einer fahlen, von Schwarz untermischten Farbe zeigt die Vergänglichkeit.

In der Mitte des Rades sitzt die Liebe *(caritas)*. Ihr Gesicht leuchtet wie die Sonne; denn jeder Mensch soll seine Absicht auf die wahre Sonne ausrichten.

Ihre Halskette mit Edelsteinen ist ein Hinweis darauf, dass sich der Mensch Gott unterordnen soll (wie die Gestalt ihren Hals UNTER die

ABB. 3: LUCCA-CODEX LIBER DIVINORUM OPERUM,

ILLUMINATION VISION 10

– wahrscheinlich schwere – Kette beugt) und mit Tugenden schmücken soll, die wie Edelsteine leuchten.

Dass ihre Schuhe strahlen wie Blitze, weist darauf hin, dass der Mensch auf den Spuren Christi unterwegs sein und so ein strahlendes Beispiel geben soll.

Die kristallene Tafel weist hin auf das unendliche Vorauswissen Gottes.

Wenn die Gestalt auf die Tafel blickt, bewegt sich die horizontale Linie, auf der sie sitzt. Dies ist ein Hinweis auf die Schöpfung.

Wenn der äußere Teil des Rades kurzzeitig wie Wasser erscheint, ist dies ein Hinweis auf die Sintflut, mit der Gott seine Schöpfung vom Bösen reinigte.

Wenn die Linie dann rot und später klar leuchtend wird, ist dies ein Hinweis auf die Zeit zwischen der Sintflut und der Menschwerdung Christi.

Wenn der äußere Teil des Rades wie ein Unwetter erscheint, ist dies ein Hinweis auf das Ende der Welt.

Die Vision vom Rad ist also nichts anderes als eine Gesamtschau des christlichen Glaubens: an den unendlichen Gott und seinen unbegreiflichen Plan, an Schöpfung und Menschwerdung. Schöpfung heißt für Hildegard immer auch: Zeit. Hier zeigt sich die Zeit als Heilsgeschichte mit verschiedenen Stationen über Sintflut und Menschwerdung bis zum Ende der Welt.

Achten Sie einmal auf die Formulierungen, mit denen in der obigen Auflistung Bilddetail und Erklärung verknüpft werden: Da ist die Rede von »ist ein Hinweis für…« oder »zeigt« oder »steht für« oder »weist darauf hin«, manchmal auch einfach nur »erscheint so oder so, denn…« Solche Formulierungen stehen auch in Hildegards Text. Sie machen deutlich: Die Erklärungen der Bilder sind keine mathematischen Gleichungen – in dem Sinne, dass es nur *eine* Lösung gäbe. Die Bilder bleiben offener und größer als ihre Erklärung.

Spätestens nach dem Blick auf Hildegards Brief an Papst Eugen III. ist Ihnen ein solcher Umgang mit Bildern vertraut. Auch in Kapitel 3 ging es um die Frage: Für wen steht der König, für wen der Thronsaal mit Säulen, für wen die Feder? Sie selber haben das versucht, was in Hildegards Visionswerken die göttliche Stimme leistet: Sie haben ein Bild Detail für Detail von der Bild- auf die Sachebene überführt.

Vielleicht kennen Sie dieses Verfahren auch aus anderen Kontexten. Karikaturen sind bis heute manchmal so aufgebaut. Etwa kann ein Löwe den Freistaat Bayern verkörpern: seine Schnauze den bayerischen Untermain um Aschaffenburg und sein Schwanzende das Berchtesgadener Land – oder umgekehrt, das kommt ganz auf die Perspektive an. Auch aus der Bibel kennen wir dieses Verfahren. Berühmt ist das Sämann-Gleichnis, das Jesus seinen Jüngern erklärt. In der Erklärung steht der Same für das Wort, das bei verschiedenen Menschen auf verschieden fruchtbare Böden fällt (Mk 4,14–20).

Vor allem biblische Visionsschriften sind ganz ähnlich aufgebaut, etwa im Buch Daniel: Der Prophet Daniel schaut ein Bild, das ihm anschließend jemand aus der himmlischen Sphäre Detail für Detail erklärt (Dan 7–8). Bei Daniel wie bei Hildegard haben wir es, genau genommen, also gar nicht nur mit Visionen, sondern mit Visionen (von *videre,* sehen) *und* Auditionen (von *audire,* hören) zu tun. Es geht um zwei Schritte: Sehen und Hören, Bild und Erklärung.

Hildegard nutzt damit eine literarische Form, die zu ihrer Zeit weit verbreitet ist, die aus der Antike stammt und die schon in der Bibel selber zur Anwendung kommt: die Allegorése. Dieses griechische Wort bedeutet sinngemäß »anders sprechen«. Auch die Allegorie hat hier ihren Ursprung. Es geht bei beiden, Allegorese und Allegorie, um indirekte Aussagen, die auf einer Ähnlichkeit, einer Verwandtschaft beruhen. Aber Allegorie und Allegorese sind nicht einfach identisch. Eine Allegorie lässt etwas Abstraktes als konkrete Gestalt erscheinen, etwa als Mensch oder Tier. In der Vision Hildegards ist die Gestalt der

Liebe eine Allegorie. In Hildegards Gesamtwerk treten viele Allegorien auf: Synagoge und Kirche, Gottesfurcht und Jungfräulichkeit, die Weisheit und der Sieg, Tugenden und Laster.

Bei der Methode der Allegorese geht es darum, jedes Detail der Bildebene einer bestimmten Aussage auf der Sachebene zuzuordnen. Hildegard nutzt in ihrer Vision vom Rad und der Allegorie der Liebe dieses Verfahren. Allegorien und Allegoresen erscheinen oft zusammen, so auch bei Hildegards Gestalt der Liebe: Bei der ganzen Gestalt haben wir es mit einer Allegorie zu tun. Die Deutung wird zur Allegorese, indem Hildegard Details der Gestalt wie der Kette aus Edelsteinen und den Schuhen Bedeutungen zuschreibt.

Bei den Kirchenvätern und im Mittelalter ist die Allegorese die bevorzugte Form, wie die Bibel ausgelegt wird: indem – gemäß der Überzeugung vom mehrfachen Schriftsinn – Vers für Vers einer Deutung zugeführt wird. Das, was beide Seiten verbindet, ist eine Entsprechung (Fachwort: Analogie).

Hildegard schreibt den Sinn der Schrift nieder, der ihr eingeleuchtet ist – und tut dies in einer literarischen Form, in der zu ihrer Zeit die Schrift ausgelegt wird: in der Form der Allegorese. Das ist kein Zufall: Form und Inhalt passen zusammen!

EINE THEOLOGIE IN BILDERN

Was verstehen Sie unter Theologie? Was macht für Sie jemanden zum Theologen oder zur Theologin? Heute kann man Theologie studieren und mit einem akademischen Grad abschließen. Dieser ist bei uns sogar gesetzlich geschützt. Aber wir sprechen auch von Menschen als Theologen, bevor es Fakultäten und akademische Grade gab, zum Beispiel von Augustinus. Zur Theologie gehört das Nachdenken über den Glauben, das Studieren von Schriften, in denen andere über den Glauben nachgedacht haben, der Dialog mit anderen Disziplinen, das Ringen um eigene Reflexionsergebnisse.

Zur Zeit Hildegards gibt es zwei Orte, an denen theologisch gedacht wird. Sie sind ihnen bereits in Kapitel 1 begegnet: In den Bischofsstädten dienen Domschulen der Ausbildung von Weltpriestern. Sie beschäftigen sich mit Fragen, die sie auf ihren Beruf vorbereiten. Da ist es nützlich zu wissen, wann ein Sakrament gültig ist und wann nicht. Der Klärung solcher Fragen dienen Streitgespräche, Disputationen, in denen mit den Regeln der Logik argumentiert wird. Präzise Begriffe erweisen sich dabei als hilfreich. Die Theologie, die hier entsteht, nennen wir heute »Scholastik« (von *schola,* Schule).

Auch die Klöster sind Orte der Theologie. Hier studieren Mönche und Nonnen die Bibel und ihre Auslegung. Das Leben mit und aus der Bibel und das Nachdenken über den Glauben bilden für sie eine Einheit. Sie reflektieren und schreiben auf, was für die Kunst zu glauben wichtig ist. Sie tun dies nicht vorrangig mit den Regeln der Logik und mit präzisen Begriffen. Sie denken vor allem in Bildern und Vergleichen. Auch sie nehmen Stellung zu theologischen Herausforderungen ihrer Zeit und finden Antworten auf Fragen. Sie denken nicht weniger über den Glauben nach als scholastische Theologen, sie denken auch nicht weniger vernünftig – sie denken und schreiben anders; durch sie entstehen andere Schriften: keine Vorlesungen und Disputationen, sondern vor allem Bibelkommentare. Wir nennen ihre Theologie »monastische Theologie« (von *monasterium,* Kloster).

In Kapitel 1 haben Sie auch vom Konflikt zwischen Bernhard von Clairvaux und Peter Abaelard erfahren: Er ist typisch für den Argwohn, mit dem monastische Theologen und Theologinnen auf die »neumodischen« scholastischen Theologen blicken. Neben Bernhard ist ein wichtiger monastischer Theologe der Benediktiner Rupert von Deutz (um 1070–1129). Er wirkt in Lüttich, Siegburg und Köln. Auch von ihm sind uns Visionsschriften überliefert. Auch er ist ein Meister der Allegorese. Hildegards Denken ist oft sehr nah an dem ihres älteren Ordenskollegen. Es ist hilfreich, Hildegard wie Bernhard und Rupert und etliche andere als monastische Theologin wahrzunehmen.

INTUITIV ERSCHAUT ODER BEWUSST KONSTRUIERT?

Hildegard hat mit den Allegoresen ihrer Visionen und Auditionen eine Gesamtschau des Glaubens geschaffen. Wie die Werke anderer monastischer Autoren sind Hildegards Schriften offen für Kunst. Sie werden nicht nur von anderen künstlerisch umgesetzt – etwa in den großen illustrierten Handschriften. Sie selber beweist in ihrer Sprache oft poetische Begabung. Ihr Latein ist zwar einfach; aber sie hat eine Antenne für die Vielschichtigkeit von Bildern, für Lautmalerei, Rhythmus und Reime. Hildegard bleibt nicht beim Medium Sprache, sondern sie komponiert liturgische Gesänge und ein Singspiel, in dem ihre Theologie hörbar wird. Hildegards Theologie ist wie ein Gesamtkunstwerk, das man nicht nur lesen, sondern auch schauen, singen, hören, inszenieren kann!

Da stellt sich die Frage: Hat Hildegard ihre Werke selber bewusst konstruiert? Oder verdankt sie alles Gottes Eingebung? Das muss kein Gegensatz sein. Sie haben bisher ja schon mehrfach geübt, nicht entweder-oder, sondern sowohl-als auch zu denken. Menschen, die selber eine künstlerische Ader haben, kennen das gut: Wer singt oder ein Instrument spielt, wer ein Bild malt oder ein Gedicht schreibt, wer töpfert, braucht Handwerkszeug, das er oder sie vernünftig einsetzt. Das schließt nicht aus, dass in der Mitte und Tiefe eines Werkes, das wir machen, etwas ist, das uns geschenkt wird, das größer ist als alles, was wir machen können.

Warum sollten wir Hildegards Überzeugung, Gott habe ihr in ihrem Inneren Einsicht in die Auslegung der Bibel geschenkt, nicht vertrauen? Wir können Hildegard glauben, dass sie in inneren Bildern den christlichen Glauben geschaut hat – als Kind ihrer Zeit! Gleichzeitig können wir unserem Eindruck trauen, dass sie diese Erfahrung reflektiert hat, dass sie Texte – und Melodien – geschaffen hat, die bewusst so und nicht anders komponiert sind. Wir können sagen: Hildegard hat *mit der Gnade kooperiert*. Die Kooperation von Gott und Mensch ist ein Kernthema in Hildegards Denken (vgl. Kapitel 10). So gesehen, setzt Hildegard mit ihren Visionen und Auditionen selber einen Schwerpunkt ihrer eigenen Theologie um.

6
WIE HILDEGARD WAHRGENOMMEN WURDE – UND HEUTE WIRD

Hildegard gilt im deutschen Sprachraum als die berühmteste Frau des Mittelalters. Es gibt kaum jemanden, dem oder der der Name Hildegard von Bingen überhaupt nichts sagt. Sogenannte Hildegard-Literatur findet sich in vielen Buchhandlungen, sogenannte Hildegard-Produkte inzwischen sogar bei Discountern. Geht das alles tatsächlich auf Hildegard zurück?

EXPERIMENT

Fragen Sie Ihre Bekannten, was ihnen spontan zu »Hildegard von Bingen« einfällt.
Mit welcher Vorstellung von Hildegard haben Sie selber zu diesem Buch gegriffen?
Was hofften/hoffen Sie, beim Lesen zu entdecken?
Wie haben die bisherigen Kapitel Ihre Vorstellung von Hildegard verändert?

WAS HILDEGARD GESCHRIEBEN HAT – EIN ÜBERBLICK

Hildegard hat *drei visionäre Hauptwerke* verfasst: *Scivias* / Wisse die Wege, *Liber vitae meritorum* / das Buch der Lebensverdienste, *Liber divinorum operum* / das Buch der göttlichen Werke. Als sie *Scivias* beginnt, ist sie Anfang vierzig. Als sie das Buch der göttlichen Werke fertigstellt, ist sie Anfang siebzig.

- Hildegards *Briefwechsel* ist in Abschriften erhalten. Hildegard tauschte Briefe mit einzelnen Ordensleuten und ganzen Ordensgemeinschaften, Päpsten und Bischöfen, Herrschern wie Barbarossa, weltlichen Männern und Frauen. Briefe dienen im Mittelalter anders als heute nicht nur dem privaten Austausch, sondern sind oft eine Art Kleinschriften, in denen Themen erörtert werden. Sie werden weitergegeben oder öffentlich vorgelesen. Briefe Hildegards wurden wahrscheinlich als Tischlesung in anderen Klöstern verwendet. So wundert es nicht, dass wir im Rahmen der Briefe eine ganze Reihe weiterer theologischer Literatur finden, etwa eine Auslegung der Regel Benedikts, auch Lebensbeschreibungen der beiden Klosterpatrone Disibod und Rupert.
- Für die Konvente auf dem Disiboden- und dem Rupertsberg entstanden *Auslegungen zu Evangelien* der Sonn- und Feiertage des Kirchenjahres. Hildegards Evangelienauslegungen sind nicht in der Form von Visionen und Auditionen geschrieben – wahrscheinlich, weil die Regel Benedikts das Auslegen der Bibel zu den Aufgaben des Abtes zählt und Hildegard als Leiterin ihrer Schwestern hier eine amtliche Autorität hat. Die Form der Allegorese und die Überzeugung vom mehrfachen Schriftsinn finden wir jedoch auch hier.
- *Eine unbekannte Sprache und eine unbekannte Schrift.* Überliefert sind 103 Vokabeln (übrigens fast nur Hauptwörter) und 23 Zeichen. In Hildegards Gesängen finden sich vereinzelt Spuren der Verwendung dieser Sprache. Vielleicht sind beide Projekte weniger seltsam, als es

heute scheint: Hildegard ist eine Meisterin darin, komplette Welten entstehen zu lassen – warum dann nicht inklusive eigener Sprache und Schrift? Zudem ist sie davon überzeugt, dass die Menschen vor dem Sündenfall im Paradies eine andere Sprache, sogar eine andere Stimme hatten. Womöglich gibt es einen Zusammenhang zwischen dieser Überzeugung und der eigenen Sprache, die eng mit Hildegards Gesängen zusammenhängt.

- *77 liturgische Gesänge* und das Singspiel *Ordo virtutum* (vgl. Kapitel 10 und 12).

SPANNENDER ALS EIN KRIMI: HÄNDE UND HANDSCHRIFTEN!

Nach heutigem Stand der Forschung gelten (nur) diese Werke Hildegards als authentisch. Warum? Es ist doch keine einzige Wachstafel mit der Handschrift Hildegards erhalten, die das belegen könnte! Wir haben nur Abschriften in Codices, die von verschiedenen Händen geschrieben wurden. Diese Hände genauer unter die Lupe zu nehmen, ist spannender als ein Krimi. Stellen Sie sich vor: Eine Hand A hat an einer Handschrift mitgewirkt, die nachweislich nur für das Kloster Rupertsberg entstand, weil es sich zum Beispiel um Totenlisten oder Güterverzeichnisse handelt. Und genau dieselbe Hand A ist ebenfalls in einer Handschrift nachweisbar, in der Werke Hildegards gesammelt sind. Dann lässt sich schlussfolgern, dass auch die zweitgenannte Handschrift mit den Werken Hildegards im selben Zeitfenster im Kloster Rupertsberg entstanden sein muss.

Was die Werke Hildegards angeht, haben wir vor allem eine sehr wichtige Handschrift aus der Schreibstube ihres eigenen Klosters: den Rupertsberger Riesencodex. Er ist ganze fünfzehn Kilogramm schwer! Im Unterschied zum illustrierten Rupertsberger Scivias-Codex ist er noch im Original erhalten. Heute geht man davon aus, dass er nach Hildegards Tod fertiggestellt, aber noch zu ihren Lebzeiten begonnen wurde. Er birgt keine Illustrationen – dafür andere Besonderheiten: Hildegards Gesänge und der *Ordo virtutum* sind mit Noten überliefert.

Was Hildegards Briefwechsel angeht, gibt es frühere Handschriften als den Riesencodex. Womöglich handelt es sich bei ihnen um die ersten Abschriften der originalen Briefe. Vergleicht man nun die Briefsammlung im Riesencodex mit älteren Handschriften, fällt auf, dass im Riesencodex manchmal die Reihenfolge und die Adressaten verändert wurden. Hier erscheinen manche Briefe Hildegards an den Papst als Antwort auf eine Anfrage, während die älteren Handschriften davon ausgehen, dass sich Hildegards als erste an den Papst wandte. Es ist unübersehbar, dass jemand die Briefsammlung im Riesencodex bewusst so und nicht anders gestaltet hat – warum?

EXPERIMENT

Wie wirkt es auf Sie, wenn überliefert wird, dass Hildegard sich an den Papst wendet?
Wie wirkt es auf Sie, wenn Sie lesen, dass der Papst als Erster an Hildegard schreibt und Hildegard ihm antwortet?
Welche guten Gründe können Sie der Redaktion des Riesencodex unterstellen?

Wer hat diese Redaktion veranlasst? Heute geht man davon aus, dass der Riesencodex Hildegards Vermächtnis für ihren eigenen Konvent war. Da die Handschrift in der Schreibstube ihres eigenen Klosters und noch zu ihren Lebzeiten entstand, ist schwer vorstellbar, dass die Äbtissin nichts davon wusste – oder hat sie sogar selber den Auftrag dazu gegeben? Das lässt sich nicht mehr klären. In den letzten Jahren ist man dazu übergegangen, die bewusste Redaktion der Briefe nicht einfach als »Fälschung« zu betrachten, sondern die Frage ernst zu nehmen: Was sagt die Gesamtkomposition der Briefe, wie sie uns heute in dieser wichtigen Handschrift vorliegt?

HILDEGARD WIRD GELESEN – UND ZUR FACHFRAU FÜR DEN WELTUNTERGANG

Egal ob Hildegard selbst die Kompositorin der Briefsammlung ist oder nicht – in jedem Fall fällt auf, dass während ihrer Leitung in der Schreibstube ihres Klosters ihre Werke kopiert werden. Handschriften entstehen nicht nur für den eigenen Konvent, sondern für befreundete Klöster, beispielsweise die Benediktinerabtei in Trier. Hildegard hat also ein Interesse daran, nicht nur Texte zu verfassen, sondern auch zu verbreiten. Sie will, dass sie gelesen werden. Heute würden wir sagen: Sie ist nicht nur Autorin, sondern auch eine Meisterin in Sachen »Selfmarketing«.

Die Verbreitung der Handschriften im zwölften Jahrhundert macht es heute leicht nachzuverfolgen, wo überall und von wem Hildegards Werke gelesen wurden. Dabei fällt auf: Es sind die (Männer-)Klöster, in denen Hildegards Schriften geschätzt werden, vor allem die jungen Zisterzienserklöster. Ein Blick auf die Landkarte zeigt eine Verbreitung von Flandern und Brabant, weit nordwestlich von Bingen, den ganzen Rhein entlang, im Südwesten Deutschlands bis nach Salem am Bodensee.

Ab dem 13. Jahrhundert entstehen nach wie vor Handschriften mit dem Autorinnennamen Hildegard – aber sie enthalten nicht mehr ihre kompletten Werke. Im 13. Jahrhundert wirkt in der Zisterzienserabtei Eberbach ein gewisser Gebeno. Er sucht in Hildegards Werken nach Aussagen über den desolaten Zustand der Kirche und das Ende der Welt. Passende Passagen löst er aus dem Zusammenhang und stellt sie neu zusammen. Hildegards lange Allegoresen hält er für schwere Lektüre. Die Verbreitung seiner Zusammenstellung von Hildegard-Zitaten wird eine Erfolgsgeschichte. Mit ihr verbreitet sich jedoch ein anderes Hildegard-Bild: Hildegard wird zur Prophetin des Weltuntergangs! Gebeno von Eberbach hat mit seiner Textzusammenstellung das Hildegard-Bild für die folgenden Jahrhunderte nachhaltig geprägt – teilweise bis heute!

HILDEGARDS NATUR- UND HEILKUNDE

Hildegard nennt selber ein Buch, das sie geschrieben habe, mit dem Titel *Liber subtilitatum diversarum naturarum creaturarum,* »Buch der verschiedenen Feinheiten der Naturen der Geschöpfe«. Leider finden wir in keiner einzigen Handschrift ein Werk mit diesem Namen! Überliefert wurden zwei andere Titel: *Physica,* das bedeutet so viel wie »Natur«, und *Causae et curae*, das heißt »Ursachen und Behandlungsmöglichkeiten«. Haben diese beiden Schriften etwas mit dem von Hildegard genannten Titel zu tun? Wurde ihr Buch nach ihrem Tod in zwei Werke aufgeteilt? Wurden hier Texte Hildegards angereichert mit anderen Texten? In der Hildegard-Forschung gibt es hier keine eindeutige Antwort. Sicher ist: *Physica* und *Causae et curae* wurden nicht in die Codices aufgenommen, die Hildegards Gesamtwerk überliefern. Im wichtigen Riesencodex fehlen sie. Von diesen beiden Schriften haben wir weder so viele noch so alte Handschriften wie von Hildegards theologischen und musikalischen Werken. Die früheste Handschrift der *Physica* entstand um 1300, womöglich im Rheinland, jedoch nicht in der Schreibstube des Klosters Rupertsberg. Da liegt Hildegards Tod bereits 120 Jahre zurück. Was *Causae et curae* angeht, existiert eine Handschrift aus der Mitte des 13. Jahrhunderts, ebenfalls Jahrzehnte nach Hildegards Tod. Manches in diesen beiden Schriften passt zu Hildegards Gedankenwelt. Anderes steht in Spannung dazu – beispielsweise die Vorstellung, dass sich der Mond auf Empfängnis und Charakter des Menschen auswirkt. In *Scivias* wehrt sich Hildegard gegen die Annahme, man könne das Schicksal eines Menschen aus dem Stand der Gestirne ablesen. Aus allen diesen Gründen sollten wir ehrlicherweise bei *Physica* und *Causae et curae* sagen, es handelt sich um Schriften, die (nur) unter Hildegards Namen überliefert wurden!

Egal ob Hildegard die Autorin ist oder nicht: Diese Schriften werden dadurch nicht »wahrer« oder »falscher«. Auch Hildegards Theologie ist Kind ihrer Zeit – dies gilt ebenso für die natur- und heilkundlichen

Vorstellungen, die unter ihrem Namen überliefert sind. Dazu kommen weitere Schwierigkeiten: Dass Pflanzen und Tiere sich über ihre Namen eindeutig zuordnen lassen, verdanken wir Carl von Linné (1707–1778) und seiner Nomenklatur für Botanik und Zoologie. Bei einer Vielzahl von Pflanzennamen, die unter Hildegards Namen überliefert sind, lässt sich nicht klären, was gemeint ist. Erdbeeren etwa gelten vielen Menschen heute als ein angebliches »Küchengift« Hildegards – dabei verdanken wir unsere Gartenerdbeere dem Import aus Südamerika im 18. Jahrhundert.

Vor allem mittelalterliche Krankheitsbezeichnungen lassen sich nicht auf heute übertragen. Wenn wir Namen für Krankheiten verwenden, gehen diese Namen auf Diagnosen im modernen Sinn zurück. So ist die Gicht in unserem Sinne eine Stoffwechselstörung. »Gichtig« ist ein Wort, das in den unter Hildegards Namen überlieferten Schriften häufig vorkommt. Es dient mehr einer Symptombeschreibung und meint nicht unbedingt die »Gicht« in unserem Sinne. Wer daraus Ratschläge Hildegards für Menschen mit der heutigen Diagnose »Gicht« ableiten will, wird den mittelalterlichen Texten nicht gerecht. Dies gilt auch für angebliche Hildegard-Ratgeber in Sachen Rheuma, Krebs oder Kinderlosigkeit. Theologisch und pastoral unverantwortlich ist eine Berufung auf Hildegards Visionen, denen alle diese Ratschläge entstammen sollen, wenn sie als Alternativen zu einer modernen medizinischen Behandlung empfohlen werden.

Und noch etwas ist wichtig: Nur die beiden genannten Titel sind unter Hildegards Namen überliefert! In heutigen Buchhandlungen füllt Hildegard-Literatur ganze Regale ... Denn weder der Name »Hildegard« noch »Hildegard von Bingen« sind geschützt. So kommt es zu einer erstaunlichen Vielzahl von Büchertiteln und Produkten, auch Veranstaltungen. Hildegard hat weder Fastenkurse konzipiert noch Back- und Kochbücher geschrieben. Sie kannte weder Tomaten noch Kartoffeln. Zum Dinkel sind in der *Physica* fünf Sätze überliefert. Mehr nicht.

EXPERIMENT

Seit rund fünfzig Jahren finden wir Veröffentlichungen zu einer sogenannten »Hildegard-Medizin«. Das Hildegard-Bild heutiger Zeitgenossen passt zu den vielen, teilweise einander widersprechenden »Hildegard-Ratgebern« und dem Markt von »Hildegard-Produkten«. Was verrät Ihnen das aktuelle Hildegard-Bild über uns heute?
Wer hat etwas davon? Und zwar was?
Und wer zahlt dafür welchen Preis?

MYSTIK – EIN BELASTETES WORT

Manche Lexika oder Heiligenkalender ordnen Personen bestimmten Kategorien zu. Bei Hildegard steht oft hinter ihrem Namen: »Mystikerin«. Hildegard selber kannte das Wort Mystik nicht und würde die Frage, ob sie eine Mystikerin ist, nicht verstehen. Das Wort Mystik stammt aus der Neuzeit und hat eine wechselvolle Geschichte hinter sich. Oft wird »Mystik« in dem Sinne verstanden, dass hier die Erfahrung vor dem Denken steht. Visionen werden manchmal mit der Erfahrung von Ekstasen gleichgesetzt. Eine mittelalterliche Nonne wie Hildegard mit ihren Visionen scheint wunderbar in diese Kategorie zu passen!

Aber Hildegard betont, dass ihr ekstatische Zustände fremd sind. Auch schließen sich für sie Visionen und Denken keinesfalls aus – im Gegenteil! Das Wort »Vision« weckt heute manchmal die Erwartung, Hildegard nehme uns mit in ihr Innerstes, in ihre subjektive Gotteserfahrung. Wir könnten wie bei anderen sogenannten »Mystikerinnen« lesen, wie Christus sie tröstet oder ermutigt oder sie seine Nähe erfahren lässt. Aber bei Hildegards Visionen geht es nicht um Höhen und Tiefen ihrer persönlichen Spiritualität, sondern um Bibelauslegung und eine Gesamtschau des Glaubens.

Auch wenn Hildegard das Hauptwort »Mystik« nicht kannte – das Eigenschaftswort »mystisch« kannte und benutzte sie. Denn es hat eine lange Tradition im Christentum. »Mystisch« bedeutet im Griechischen und Lateinischen »verborgen«. Damit wurde der innere, geistliche Sinn der Schrift bezeichnet. In diesem Sinne verwendet auch Hildegard das Wort »mystisch«: In ihren Visionen legt sie den mystischen, also *inneren* Sinn der Bibel aus.

Wenn wir theologiehistorisch auf Hildegard und ihre Schriften schauen, ist die Kategorie »monastische Theologie« passender als der missverständliche Begriff »Mystik«.

KIRCHENLEHRERIN

Seit dem Mittelalter entstand der Brauch, dass der Papst herausragende Theologen zu Lehrern der katholischen Kirche ernennt. Kirchenlehrer kann also nur jemand werden, der oder die Theologie betrieben und Schriften hinterlassen hat. Das ist keine Geringschätzung all der Christen, die nichts geschrieben haben, sondern durch ihr beeindruckendes Leben Lehrer und Lehrerinnen des Glaubens geworden sind. Kirchenlehrer sind nicht wertvollere Vorbilder – höchstens andere. Eine Ernennung zur Kirchenlehrerin ist eine Würdigung des Werkes, das jemand hinterlassen hat: Uns wird empfohlen, uns damit auseinanderzusetzen. Drei Bedingungen müssen erfüllt sein: Rechtgläubigkeit, eine herausragende Lehre, ein hoher Grad von Heiligkeit. Rechtgläubigkeit ist etwas anderes als Irrtumslosigkeit – das haben wir anlässlich mancher Inhalte in Hildegards Werk schon entdeckt. Auch Kirchenlehrer und -lehrerinnen sind Kinder ihrer Zeit!

Hildegard wurde am 7. Oktober 2012 durch Papst Benedikt XVI. zur Kirchenlehrerin ernannt. Da sie zwar schon lange vorher als Heilige verehrt wurde, aber noch nicht offiziell heiliggesprochen war, hatte er sie einige Monate vorher, nämlich am 10. Mai 2012, auch heiliggesprochen.

In welcher Gesellschaft befindet sich Hildegard? Aktuell gibt es 37 Kirchenlehrer und -lehrerinnen. Sie haben schon einige kennengelernt, zum Beispiel Bernhard von Clairvaux. Er wurde 1830 zum Kirchenlehrer ernannt. Hildegard ist eine von drei Deutschen: neben dem Dominikaner Albertus Magnus (um 1200–1280, ernannt 1931) und dem Jesuiten Petrus Canisius (1521–1597, ernannt 1925). 1970 wurde Teresa von Ávila (1515–1582) zur Kirchenlehrerin ernannt – nach vielen Bedenken, ob denn eine Frau Kirchenlehrerin werden könne. Doch Papst Paul VI. ernannte im selben Jahr gleich noch eine zweite Frau zur Kirchenlehrerin: Caterina von Siena (1347–1380). 1997 wurde die französische Karmelitin Thérèse von Lisieux (1873–1897) Kirchenlehrerin, ernannt von Papst Johannes Paul II.

Wenige Tage nach Hildegards Ernennung zur Kirchenlehrerin im Oktober 2012 war der 50. Jahrestag der Eröffnung des Zweiten Vatikanischen Konzils. Benedikt rief ein »Jahr des Glaubens« aus. Die Deutsche Bischofskonferenz empfahl, die neue Kirchenlehrerin als Wegbegleiterin mit in das Jahr des Glaubens zu nehmen.

7
GOTTES GROSSE LIEBESERKLÄRUNG

Ich, die höchste feurige Kraft, die ich alle lebendigen Funken entzündet und nichts Sterbliches ausgehaucht habe, ich entscheide über das alles, wie es ist. [...] Ich, das feurige Leben der göttlichen Wesenheit, flamme über die Schönheit der Fluren, leuchte in den Wassern und brenne in Sonne, Mond und Sternen. Mit dem Windhauch, dem unsichtbaren Leben, das alles erhält, erwecke ich alles zum Leben. Die Luft lebt nämlich im Grünen und im Blühen, die Wasser fließen, als ob sie lebten, auch die Sonne lebt in ihrem Licht. Und wenn der Mond abgenommen hat, wird er vom Licht der Sonne entzündet und lebt gleichsam; auch die Sterne leuchten in ihrem Licht, als ob sie lebten. [...]
Ich bin deshalb als feurige Kraft in diesen [Winden] verborgen und sie brennen durch mich, wie der Atem ständig den Menschen bewegt und wie im Feuer die windbewegte Flamme ist. Dies alles lebt in seiner Wesenheit, und in ihm ist kein Tod zu finden, weil ich das Leben bin. Ich bin auch die Vernunft, die den Windhauch des tönenden Wortes in sich hat, durch den jedes Geschöpf gemacht ist; und in das alles habe ich Leben gehaucht, sodass keines davon seiner Art nach sterblich ist; denn ich bin das Leben.
Ich bin nämlich das volle (integra) Leben, das nicht aus Steinen gehauen ist oder aus Ästen ausgetrieben hat oder seine Wurzeln aus der männlichen Zeugungskraft geschlagen hat. Vielmehr hat alles Lebendige in mir seine Wurzeln. Die Vernunft nämlich ist diese Wurzel; das tönende Wort aber erblüht in ihr.

Da aber Gott die Vernunft ist, wie könnte es da geschehen, dass ER nicht wirkt, da jedes Werk von Ihm durch den Menschen blüht? Er schuf ihn nach seinem Bild und Gleichnis und zeichnete im Menschen alle anderen Geschöpfe nach ihrer Maßgabe ein. Denn es lag von Ewigkeit her immer fest, dass Gott Sein Werk, den Menschen, schaffen wollte; und als Er dieses Werk vollendete, gab Er ihm alle Geschöpfe, damit er mit ihnen wirke, und zwar so, wie auch Gott selbst Sein Werk, den Menschen, geschaffen hatte.[4]

EXPERIMENT

Dieser Text ist einer der poetischsten aus Hildegards gesamtem Werk. Lassen Sie zunächst seine Schönheit auf sich wirken. Sie können ihn laut lesen und hören wie ein Gedicht.
Welche Bilder entstehen in Ihrem Inneren?
Wo haben Sie selber diese Kraft erlebt, die Hildegard sprachgewaltig zu Wort kommen lässt? Hildegard sieht sie am Werk in der Schönheit der Schöpfung – und in dem Wunder, das wir Menschen sind.

AUFTRITT DER LIEBE

Wer kann so über sich selbst sprechen? Hildegard gibt hier die Worte der Liebe wieder. Sie sind ihr bereits in Kapitel 5 begegnet. Die Liebe erscheint zu Beginn des Buches der göttlichen Werke in einem wunderschönen Gewand, leuchtend wie die Sonne. Dann erscheint vor ihrer Brust ein Rad. In der Mitte des Rades sieht Hildegard die Gestalt des Menschen. Sein Scheitel, seine Füße, seine rechten und seine linken Fingerspitzen rühren innen an den Rand des Rades. Die Illustration von Hildegards Text ist heute vielleicht das berühmteste Bild, das mit ihrem Namen verbunden wird (Seite 83 *Abb. 4*).

Dieses Bild stammt aus derselben Handschrift wie *Abb. 3*, die Allegorie der Liebe im Rad, die Sie in Kapitel 5 kennengelernt haben. Hier sitzt Hildegard unten links am Schreibpult, schaut das gewaltige Bild und schreibt auf, was sie sieht.

IN DER MITTE DER MENSCH

Wie in Hildegards Text erscheint das feurige Haupt der Liebe unter dem Haupt eines alten bärtigen Mannes. Das Bild von Gott als altem Mann mit Bart wird heute oft kritisiert. Hildegard verwendet es unbelastet: Der alte bärtige Mann ist Hinweis auf die Weisheit Gottes und seinen uralten Ratschluss. Dass Gott größer ist als alles, was wir uns vorstellen können, wird in diesem Bild wörtlich genommen: Das bärtige Haupt sprengt den Rahmen und ragt über die Bordüre hinaus, die eigentlich das Bild begrenzt.

Das Rad ist in Hildegards Text ebenfalls ein Hinweis auf Gott. Das Rad hat weder Anfang noch Ende. Genauso ist es mit Gottes Vollkommenheit. Auch sie sprengt den Rahmen links und rechts. Das Rad erscheint in mehreren Kreisen. Ganz außen besteht es aus rotem Feuer. Dann folgt ein Ring aus schwarzem Feuer: Hinweis auf die gerechte Strafe Gottes. Hildegard ist wichtig: Der Ring aus rotem Feuer ist zwei Mal so breit wie der schwarze Ring. Denn die gute Kraft ist mächtiger! Dann folgt ein Ring aus Äther (im Bild blau) und schließlich ein Ring aus Wasser (im Bild wellenförmig in Weiß und Blau). Darunter sieht Hildegard strahlend weiße Luft, in der sie Wolken erkennt. In der Mitte des Luftkreises erscheint eine Kugel: Sinnbild für die Erde. Die insgesamt sechs Ringe repräsentieren also unter anderem die vier Elemente, von denen man im Mittelalter glaubt, dass sie den Grundstoff der Welt bilden: Feuer, Wasser, Luft, Erde.

Im Rad erscheinen mehrere Tierköpfe. Sie zeigen verschiedene Kräfte, die auf den Menschen einwirken, auch Herausforderungen, die er meistern kann und soll. So stehen der Leopard für die Gottesfurcht, der Löwe und der Wolf für das Gericht Gottes und seine Strafe. Sie alle hauchen den Menschen an, denn sie wollen Einfluss auf ihn

ABB. 4: LUCCA-CODEX LIBER DIVINORUM OPERUM, ILLUMINATION VISION 2

nehmen. Wörtlich heißt es in Hildegards Text: Der Mensch steht an einer Kreuzung! Damit er seiner Verantwortung gerecht werden kann, schickt Gott ihm Leuchten in verschiedenen Himmelsrichtungen: Der obere Teil des Rades vor dem Hals der Liebe markiert die Himmelsrichtung Osten. Hier erscheinen sieben Planeten, unter ihnen Sonne und Mond. Noch mehr Sterne sind im Rad sichtbar. In den sieben Planeten erkennt Hildegard Hinweise auf die sieben Gaben des Heiligen Geistes. Die Sterne, die im roten Feuerring des Rades erscheinen, sind für Hildegard Lehrer der zehn Gebote. Von ihnen gehen Verbindungslinien aus zu den Wolken und zu den Tierköpfen und zurück. Wörtlich heißt es bei Hildegard: Der Mensch ist »verflochten« mit all diesen vielfältigen Kräften.

EXPERIMENT

Wie wirkt dieses Bild auf Sie: tröstlich, Halt gebend, einengend, starr, dynamisch oder …?
Vergleichen Sie dieses Bild mit dem berühmten Mann im Kreis von Leonardo da Vinci – Sie finden ihn beispielsweise auf Ihrer Krankenversichertenkarte und auf italienischen Ein-Euro-Münzen. Bei Leonardo geht es um Proportionen und ideale Maße. Als Mann der Renaissance hat Leonardo keinen Schöpfergott auf seiner Skizze festgehalten. Lassen Sie diesen Unterschied auf sich wirken!

Hildegard sieht den Menschen in der Mitte der Schöpfung. Heute gibt es Kritik an unserer »Anthropozentrik« (griechisch *ánthropos,* Mensch, lateinisch *centrum,* Mittelpunkt), also an der Haltung, alles müsse sich um uns Menschen drehen. Auch Hildegard denkt anthropozentrisch. Doch dies ist kein Freibrief. Sie sieht den Menschen verflochten mit den Elementen und der ganzen Schöpfung. Wie der Mensch sich entscheidet, hat Auswirkungen auf die ganze Schöpfung – und damit letztlich wieder auf ihn selber. In Kapitel 11 werden Sie entdecken, welche fatalen Auswirkungen es hat, wenn der Mensch seiner Verantwortung in der Schöpfung nicht gerecht wird.

Hildegard sieht den Menschen nicht nur als Teil der Schöpfung. Für sie *ist* der Mensch in gewisser Weise die ganze Schöpfung. Denn er repräsentiert im Kleinen, als Mikrokosmos, die ganze Welt, den Makrokosmos. Hildegard sieht vielfältige Bezüge: etwa zwischen Kopf und Firmament, Gehirn und Sonne, den Adern und den Flüssen, dem Bauchraum und der fruchtbaren Erde. Und weil die Schöpfung für Hildegard keinesfalls nur aus dem besteht, was äußerlich sichtbar ist, entdeckt sie im kleinen Menschen und in der großen Welt Hinweise auf Inneres, Geistliches: Die Entscheidungen und Handlungen des Menschen sind wie der Lauf der Sonne. Seine Augen stehen für die Unterscheidungsgabe, die grundlegendste aller Tugendkräfte (ihr werden Sie in Kapitel 10 begegnen). Mit ihr stattet Gott den Menschen aus, damit er seiner Verantwortung in der Schöpfung gerecht werden kann. Der Hunger des Magens weist darauf hin, dass auch die Seele Nahrung braucht. Wie der Nabel das Zentrum des Leibes ist, so ist die Seele das Zentrum des geistlichen Lebens. Wie der Mensch verdaute Speisen und Getränke ausscheidet, so leiten Flüsse Wasser aus dem Inneren der Erde nach außen – genauso kann die Seele in der Reue ihre bösen Taten ausscheiden.

SO ODER SO BETRACHTET

Der Mensch, der kreuzförmig im Rad der Schöpfung ausgespannt ist, erinnert auch an Christus. Denn es gibt eine tiefe Beziehung zwischen dem Menschen, den Gott in die Schöpfung stellt, und Christus, in dem Gott Mensch wird. Wenn man in der Menschengestalt in der Mitte des Rades einen Hinweis auf Christus sieht, lässt sich das Ganze auch als Bild der Dreifaltigkeit lesen: Der Vater ist größer als alles, was wir uns vorstellen können. Der Geist ist feurige Liebe und Lebenskraft der Schöpfung. Der Sohn repräsentiert Gottes Gegenwart mitten in der

Schöpfung. So gesehen, ist dieses Bild verwandt mit dem Bild der Dreifaltigkeit aus dem Rupertsberger Scivias-Codex, das Sie in Kapitel 4 kennengelernt haben (Seite 59 *Abb. 2*). Auch da steht der Sohn als Mensch im Zentrum, umgeben vom Geist und vom Vater.

Es spricht auch nichts dagegen, nicht in der mittleren Gestalt, sondern in der feurig-roten Liebe einen Hinweis auf Christus zu sehen: Er geht – wie es im Glaubensbekenntnis heißt – »aus dem Vater hervor«. Er hält die Schöpfung und den Menschen.

Hildegard schreibt ja nie: Dieses oder jenes Bilddetail »ist«. Sondern viel offener: »ist ein Hinweis auf«, »bezeichnet«, »steht für«. Es ist möglich, das Bild aus mehreren Blickwinkeln zu betrachten – und nicht »entweder-oder« zu denken, sondern »sowohl-als auch«.

UND DAS WORT IST FLEISCH GEWORDEN

Die Verbindung von Schöpfung und Menschwerdung ist ein zentrales Thema in Hildegards Theologie. Im Buch der göttlichen Werke, in dem ganz am Anfang die Liebe als Schöpfungskraft auftritt, legt Hildegard ausführlich ihre Lieblingsbibelstelle aus. Sie sind ihr in Kapitel 4 schon begegnet; denn in ihr liegt auch der Schlüssel zu ihrem visionären Selbstverständnis. Es handelt sich um den Beginn des Johannesevangeliums. Im ersten Kapitel des Johannesevangeliums stoßen wir auf ein uraltes Lied, einen Hymnus auf das Wort Gottes. Dieses Lied knüpft ganz bewusst an den Anfang der Bibel an: Auch in der Genesis lesen wir, dass Gott alles durch sein Wort geschaffen hat. Am Anfang des Johannesevangeliums heißt es, dass das Wort Fleisch geworden ist. Seit vielen Jahrhunderten ist diese Bibelstelle das Evangelium am ersten Weihnachtstag.

Im Anfang war das Wort
und das Wort war bei Gott
und das Wort war Gott.

Dieses war im Anfang bei Gott.
Alles ist durch das Wort geworden
und ohne es wurde nichts, was geworden ist.
In ihm war Leben
und das Leben war das Licht der Menschen. [...]
Und das Wort ist Fleisch geworden
und hat unter uns gewohnt
und wir haben seine Herrlichkeit geschaut,
die Herrlichkeit des einzigen Sohnes vom Vater,
voll Gnade und Wahrheit.
(Joh 1,1–4.14)

Das Wort »Fleisch« kommt in der Bibel häufig vor, auch in den Psalmen. Es umschreibt, wie (nicht nur) wir in der Welt sind. Wir leben ganz »leibhaftig«, großartig und armselig zugleich; denn »Fleisch« ist immer auch vergänglich. Auf unser Dasein in der Welt hat sich Gott in Christus eingelassen: Er ist einer von uns geworden.

Hildegard versteht das »Fleisch« aus Johannes 1 mit ihrem mittelalterlichen Menschenbild. Sie geht davon aus: Der Mensch besteht aus Leib und Seele. »Fleisch« ist für sie nie nur einfach der Leib des Menschen, sondern der beseelte Leib. In dieses Fleisch aus Leib und Seele begibt sich Gott, wenn er in Christus Mensch wird.

WARUM GOTT MENSCH GEWORDEN IST

Hildegard glaubt an einen kommunikationsfreudigen Gott: Er bleibt nicht in sich, sondern geht aus sich heraus und teilt sich mit, indem er die Schöpfung entstehen lässt. Gott macht sich sichtbar und hörbar – in Kapitel 4 haben Sie genau hier einen Schlüssel zu Hildegards Visionen entdeckt. Hildegards Visionen sind Teil ihrer Schöpfungstheologie.

Wenn Gott sich mitteilt, tut er das in seinem Wort. Sein Wort ist niemand anderer als Christus. Wenn Gott die Schöpfung entstehen lässt, indem er in Genesis 1,1 spricht: »Es werde …«, ist für Hildegard das, was Gott spricht: Christus. Denn Gott kann sich gar nicht anders sichtbar und hörbar machen als in ihm, der sein Wort ist. Wenn Hildegard Christus schon zu Beginn der Welt in Genesis 1,1 entdeckt, wie sieht sie dann seine Geburt aus Maria? Hildegard meint: Von Anfang an sind die Schöpfung, das heißt die Welt und die Zeit, voll von Christus – aber verborgen. Durch Maria kommt er offen zur Welt. Aber er ist von Anfang an da. Weil für Hildegard zentral ist, dass Christus offen in der Welt erscheint, darum legt sie in ihrem Buch der göttlichen Werke zuerst Johannes 1 aus – und dann Genesis 1, nicht umgekehrt.

Im 12. Jahrhundert stellen sich viele Theologen und Theologinnen der – hypothetischen – Frage, ob Gott auch Mensch geworden wäre, wenn der Sündenfall nicht passiert wäre. Hildegard beantwortet diese Frage wie viele ihrer Zeitgenossen mit Ja. Unabhängig von unserer Erlösungsbedürftigkeit wollte Gott Mensch werden. Für Hildegard ist das Projekt der Menschwerdung Gottes große Liebeserklärung an seine Schöpfung: Von allem Anfang an wollte Gott eine ganz besonders innige Verbindung zwischen sich selber als Schöpfer und der Schöpfung, die er geschaffen hat.

In unserer westlichen Tradition tritt dieser Aspekt in den folgenden Jahrhunderten zurück und der Gedanke an unsere Erlösungsbedürftigkeit in den Vordergrund. In den Ostkirchen jedoch ist dieses Denken präsenter geblieben als bei uns. Hier gibt es vielfältige Verbindungslinien zu Hildegard.

EXPERIMENT

Welche Antworten sind Ihnen selber bisher begegnet, warum Gott Mensch geworden ist?
Manche Menschen heute empfinden die Vorstellung, dass Gott nicht nur zur »Reparatur« Mensch wird, als tröstlich und wert-

schätzend für unser Menschsein und die ganze Schöpfung. Wie geht es Ihnen?
Lesen Sie an dieser Stelle die Rede der Liebe noch ein zweites Mal – was von den Erläuterungen aus diesem Kapitel können Sie in Hildegards Text wiederfinden? Was verstehen Sie nun besser?

ZWEI SIND EINS UND BLEIBEN ZWEI

Hildegards Überzeugung, dass Gott in jedem Fall Mensch geworden wäre, widerspricht überhaupt nicht ihrer Überzeugung, dass er auch Mensch geworden ist, um uns zu erlösen. Denn die Schöpfung bleibt nicht so, wie sie Gott gewollt hat. Im nächsten Kapitel begegnen Sie Hildegards Deutung des sogenannten »Sündenfalls«, aus dem die Schöpfung alleine nicht herauskommt.

Trotzdem fällt auf: Das erste Kapitel des Johannesevangeliums ist in Hildegards Gesamtwerk *die* zentrale Bibelstelle. Hildegard erwähnt sie weit häufiger als Kreuz und Auferstehung. Ist für Hildegard Weihnachten wichtiger als Ostern? Wenn sie Johannes 1 hört, denkt sie nicht nur an den Beginn der Menschwerdung, nicht nur an die Geburt. Hildegard ist das *ganze* »Projekt Christus« wichtig. Sie geht davon aus, dass Gott sich mitteilt, dass er Antwort möchte. Der Mensch, der die ganze Schöpfung repräsentiert, bleibt diese Antwort schuldig. Oder besser gesagt: Er gibt sie unvollkommen. In Christus dagegen kooperiert die Schöpfung vollkommen mit ihrem Schöpfer.

Im Jahr 451 brachte das Konzil von Chalkedon auf den Punkt, dass Christus in einer Person sowohl Gott als auch Mensch ist, ungetrennt und unvermischt. Das könnte man so übersetzen: Gott und Mensch gehören zutiefst zusammen. Sie sind nicht zu trennen. Aber Gott bleibt Gott und Mensch bleibt Mensch. Sie werden nicht vermischt. Zwei bleiben zwei und sind zugleich eins. Ein Zugang zu dieser paradoxen Aussage lässt sich weniger mit Mathematik, mehr mit Lebenserfahrung finden. Das ist nicht kompliziert, sondern eigentlich ganz einfach.

EXPERIMENT

Die Erfahrung, dass zwei eine Einheit bilden und gleichzeitig zwei bleiben, machen viele Menschen in der Liebe.
Woher kennen Sie selber diese Erfahrung?

Dass in Christus Gott und Mensch, Schöpfer und Geschöpf, Ewigkeit und Zeit, zusammenkommen und eine ganz innige Einheit bilden, ist für Hildegard die Mitte ihrer Theologie. Von hier aus schaut sie auf Weihnachten und auf das Leben Jesu – und auch auf Kreuz und Auferstehung! Christus ist das Wort, dem sich die Schöpfung verdankt – und er ist die Antwort, die die Schöpfung gibt. In diesem Schöpfungswort Gottes haben wir Menschen einen zentralen Platz. Das Gleiche gilt für die Antwort, die Christus gibt: Wir sind – wie auf dem Schöpfungsbild in diesem Kapitel – mitten drin!

8

ADAM UND EVA, MANN UND FRAU

Wenn Hildegard das biblische Buch Genesis auslegt, kommt sie auch auf die Geschlechterdifferenz zu sprechen. Das ist bis heute ein großes Thema: Was ist männlich, was ist weiblich? Was macht Männer zu Männern und Frauen zu Frauen?

Um einordnen zu können, wie Hildegard mit dem Thema Männer und Frauen umgeht, ist hilfreich, erst einmal auf die biblischen Quellen zu schauen – und darauf, wie sie zu Hildegards Zeit verstanden wurden.

GOTT ERSCHUF DEN MENSCHEN ALS SEIN BILD

Das erste Kapitel des Buches Genesis ist ein Gedicht aus sieben Strophen. Es erzählt, wie Gott in sechs Tagen die Welt erschafft und am siebten Tag ruht. Am sechsten Tag schafft Gott den Menschen – in der aktuellen Einheitsübersetzung klingt das so (Genesis 1,26–27):

Dann sprach Gott: Lasst uns Menschen machen
als unser Bild, uns ähnlich! [...]
Gott erschuf den Menschen als sein Bild,
als Bild Gottes erschuf er ihn.
Männlich und weiblich erschuf er sie.

Was die Berufung angeht, Gottes Ebenbild zu sein, gibt es keinen Unterschied zwischen männlich und weiblich.

Genesis 2 ist – das verdanken wir moderner Bibelwissenschaft – älter als Genesis 1. Hildegard weiß das noch nicht. In Genesis 2 lesen wir, dass Gott ein Geschöpf aus fruchtbarem Erdboden schafft und diesem »Erdling« (so die wörtliche Übersetzung von *adám* – er heißt so, weil er aus der *adamá*, dem Erdboden, geschaffen ist) seinen Lebensatem einbläst. Gott legt einen wunderbaren Garten für dieses Geschöpf an. Aber der Erdling ist schrecklich allein. Auch die Tiere sind für ihn kein Gegenüber auf Augenhöhe. Daher entnimmt ihm Gott im Schlaf eine Rippe und baut daraus eine Frau. Das endlich lässt den Erdling in Jubel ausbrechen: Ja, diesmal ist sie's! Erst durch die Frau wird der Mann zum Mann. Nun gibt es zwei einander ebenbürtige Geschöpfe. Durch die Schaffung der Frau aus der Rippe sind Mann und Frau ganz tief miteinander verwandt.

EXPERIMENT

Lesen Sie Genesis 1 und Genesis 2 einmal zusammenhängend online oder in Ihrer Bibel nach – und zwar mit einer wertschätzenden Brille für *beide* Geschlechter.
Wie haben Sie bisher diese beiden ersten Kapitel der Bibel wahrgenommen?
Welche neuen Entdeckungen konnten Sie heute beim Lesen machen?
Haben Sie, hätten Sie oder würden Sie Ihre Tochter Eva nennen? Was verbinden Sie mit Eva?

EIN GRENZÜBERTRITT MIT FOLGEN

Das nächste Kapitel der Bibel, Genesis 3, handelt von unserer Wirklichkeit. Wir erfahren sie voller Widersprüche und Gefahren. Unsere Welt ist nicht so, wie sie sein könnte. Genesis 3 erzählt: Ursache dafür ist eine menschliche Grenzübertretung. Im wunderbaren Garten Eden fehlt es dem Menschen an nichts. Aber es bleibt eine Grenze: Vom Baum der Erkenntnis darf er nicht essen. Natürlich erscheint ausgerechnet dieser Baum attraktiv, und der Mensch überschreitet die von Gott gesetzte Grenze. Grenzübertritte sind ambivalent: Man kann sie nicht rückgängig machen. Sie bringen viel in Bewegung. Nach ihnen geht es anders weiter. Und es passiert durchaus, dass Gutes in Gang kommt.

In Genesis 3 fällt das Wort »Sünde« nicht. Die Sünde taucht erst in Genesis 4 auf, im Zusammenhang mit dem Brudermord von Kain an Abel. Im Garten Eden hatte Gott gedroht, der Mensch werde sterben. Aber der Mensch stirbt nicht. Gott fertigt sogar selber Kleider für ihn an. Gott ist wunderbar inkonsequent.

Die Schlange ist eines von Gottes Geschöpfen. Sie hat tiefe Menschenkenntnis. Vielleicht steht sie für die ambivalente Erfahrung: Wir Menschen wollen wissen. Wer Erkenntnis gewinnt, kann nicht zurück – und muss erkennen, wie nackt er oder sie ist. Die Schlange ist klug und rätselhaft wie unsere Erfahrung, dass Wissen reich und arm zugleich macht.

Wenn Gott den Menschen zur Rede stellt, will es niemand gewesen sein: Der Mann schiebt die Verantwortung auf die Frau, die Frau auf die Schlange.

EXPERIMENT

Lesen Sie auch das ganze Kapitel Genesis 3 online oder in Ihrer Bibel nach. Bestimmt begegnen Sie auch dieser Erzählung nicht zum ersten Mal.
Versuchen Sie einmal, sich mit neuen, unbelasteten Augen und Ohren auf diesen uralten Text einzulassen. Er birgt große Weisheit um unsere Wirklichkeit.
Was in dieser alten Erzählung klingt für Sie hier und heute aktuell?

Gott hält in Genesis 3,14–19 drei Reden: an die Schlange, an die Frau, an den Mann. Diese Reden beschreiben die Wirklichkeit, wie sie die Menschen zur Entstehungszeit der Erzählung erlebten: Männer bearbeiten den Acker. Das ist mühsam, ein Kampf gegen Dornen und Disteln (Genesis 3,17–18). Frauen bekommen Kinder. Das ist schmerzhaft und lebensgefährlich. Aus Mann und Frau auf Augenhöhe ist ein Oben und Unten geworden: Die Frau erfährt die Herrschaft des Mannes (Genesis 3,16).

Erstaunlich ist: Obwohl diese Erzählung in einer patriarchalen Gesellschaft entstand, führt sie das Herrschaftsverhältnis zwischen den Geschlechtern auf eine Grenzüberschreitung des Menschen zurück. Eigentlich könnte es anders sein, denn eigentlich hat es Gott im Ursprung anders gewollt!

Insgesamt gilt: Bei Genesis 1–3 handelt es sich um keine frauenfeindlichen Texte – im Gegenteil!

KEINER VON BEIDEN KÖNNTE OHNE DEN ANDEREN SEIN

Die Auslegungsgeschichte hat jedoch viel dazu beigetragen, dass wir diese biblischen Texte mit belasteten Ohren hören. Adam, Eva und der Sündenfall sind bis heute Stoff für Stammtischwitze.

In unserer Tradition hat man(n) lateinisch gedacht. In der lateinischen Bibelübersetzung ist in Genesis 1,26 von *imago* und *similitudo* die Rede. *Imago* heißt Bild, *similitudo* heißt Ähnlichkeit. Wenn Gott den Menschen als Mann und Frau erschuf, verstehen viele mittelalterliche Bibelausleger das so: Der Mann ist Bild Gottes, die Frau (nur) Ähnlichkeit Gottes! Sie lesen Genesis 2 als Nachtrag zu Genesis 1,26–27: Wenn Gott zuerst den Mann und dann aus ihm die Frau schafft, ist der Mann Ebenbild Gottes, die Frau jedoch Ebenbild des Mannes und damit nur noch Gott ähnlich. Die Frau ist weiter entfernt von Gott als der Mann.

EXPERIMENT

Lesen Sie vor diesem Hintergrund den folgenden Text, in dem Hildegard die Schaffung des Menschen deutet:
Was kommt Ihnen mittelalterlich, vielleicht sogar bleibend fremd vor?
Was ist Ihnen sympathisch?

Als aber Gott den Menschen anblickte, gefiel er Ihm sehr, weil Er ihn nach dem Gewand Seines Abbildes und nach Seinem Gleichnis [...] geschaffen hatte, damit er mit dem vollen Ton seiner vernünftigen Stimme alle Wunderwerke Gottes verkünde. Der Mensch ist nämlich das vollkommene Wunderwerk Gottes [...], weil Gott durch ihn erkannt wird und weil Gott alle Geschöpfe seinetwegen erschaffen hat. Ihm hat Er mit dem Kuss der wahren Liebe gestattet, Ihn durch seine Vernunft (rationalitas) zu preisen und zu loben. Aber dem Menschen fehlte eine Hilfe, die ihm ähnlich war [...]. Daher gab ihm Gott eine Hilfe, die Spiegelgestalt der Frau. In ihr war das gesamte Menschengeschlecht verborgen, das in der Schöpferkraft Gottes hervorgebracht werden sollte, wie Er auch den ersten Menschen in der Macht seiner Schöpferkraft vollendet hatte. Mann und Frau sind miteinander so eng verbunden wie ein Werk durch das andere ist. Denn der Mann würde ohne die Frau nicht Mann heißen, und die Frau würde ohne den Mann nicht Frau genannt. Die Frau ist nämlich Werk des Mannes und der Mann Anblick des Trostes für die Frau; und keiner von beiden könnte ohne den anderen sein. Der Mann bezeichnet die Gottheit des Gottessohnes, die Frau aber Seine Menschheit [...]. Der Mensch sitzt also auf dem Richterstuhl der Erde und befiehlt der gesamten Schöpfung, und sie untersteht seiner Weisung (disciplinatus) und ist ihm untergeben. Er selbst aber steht über allen Geschöpfen.[5]

DIE WEIBLICHE SEITE CHRISTI

Hildegard spricht am Anfang vom Menschen und meint offensichtlich (erst mal nur) den Mann. Dann kommt sie auf die Frau und auf das Verhältnis von Mann und Frau zu sprechen. Ganz am Ende sagt sie wieder: »der Mensch«. Hier macht sie keinen Unterschied zwischen Mann und Frau. Mit dem Menschen, der der gesamten Schöpfung Weisung gibt, sind Mann und Frau gemeint. In Hildegards gesamtem Werk lässt sich kein Beleg dafür finden, dass sie die Frau nicht im gleichen Maße für Gottes Ebenbild hält wie den Mann.

Wenn Gott Mensch wird und Gott den Menschen männlich und weiblich geschaffen hat, stellt sich die Frage: Was bedeutet dann Gottes Menschwerdung für Männer und Frauen? Für Hildegard ist die Menschwerdung Gottes der Fokus des ganzen Projektes Schöpfung: Hier kommen Schöpfer und Geschöpf, Gott und Mensch zusammen. Hildegard denkt in Symbolen und Entsprechungen: Der Mann ist Hinweis auf die Gottheit, die Frau ist Hinweis auf die Menschheit Christi.

Das ist bemerkenswert. Denn der Gedanke, dass Gott als Mann Mensch wurde, spielt keine Rolle. Im Gegenteil gibt es eine innere Verbindung zwischen Frau und Menschheit Christi. Seine Menschheit ist seine weibliche Seite!

Dem widerspricht nicht, dass wir bei Hildegard immer wieder lesen können, »die« Frau, »das« Weibliche, sei schwach. Hildegard selber bezeichnet sich ja – mit Verweis auf 1 Korinther 1,26–27 – als *paupercula feminea forma*, als »arme kleine weibliche Gestalt«. Hildegard hat keinesfalls Geschlechterrollen revolutioniert! Sie ändert keine Strukturen. Sie ist vielmehr eine Meisterin im *Reframing*. Sie schaut Gegebenes aus einer anderen Perspektive an und deutet es in einem wertschätzenden Rahmen. Gott hat eine Schwäche für das Schwache. Wenn er in Christus Mensch wird, wird er freiwillig schwach. Das ist seine Stärke! In dieser starken Schwäche offenbart Gott dem Menschen seine große Liebe und kann ihn erlösen.

Im Johannesevangelium tritt Jesus bei der Hochzeit zu Kana zum ersten Mal in der Öffentlichkeit auf. Auch seine Mutter ist unter den Gästen. Als der Wein ausgeht, will sie ihrem Sohn einen Hinweis geben. Jesus distanziert sich von ihr mit der brüskierenden Frage: »Was ist zwischen dir und mir, Frau?« (So lautet Johannes 2,4 nach der lateinischen Bibelübersetzung). Hildegard übergeht in ihrer Auslegung den Konflikt zwischen Sohn und Mutter. Sie nutzt die Frage, um klarzustellen: Zwischen Christus und Maria ist seine Menschheit. Sie verbindet Mutter und Sohn. Nicht nur das: Seine Menschheit verbindet Christus mit der ganzen *feminea forma,* der weiblichen Gestalt, die Gott im Paradies geschaffen hat und zu der auch Hildegard gehört.

DAS PLUS DER FRAU

Dazu passt ein weiterer Gedanke Hildegards: Bei der Menschwerdung Adams braucht Gott zwei Schritte. Zuerst formt er die Gestalt aus Erdboden, dann bläst er ihr den Lebensatem in die Nase (Genesis 2,7). Bei Eva braucht Gott jedoch nur *einen* Schritt, denn sie wird direkt aus dem lebendigen Adam geschaffen. Das ist für Hildegard kein Minus, sondern ein Plus der Frau: Sie ist von Anfang an vollkommen!

Bei der Menschwerdung begibt sich Gott ja keinesfalls nur in die Gestalt aus Erdboden, sondern in den lebendigen, beseelten Menschen. Dafür steht bei Hildegard Eva. Sie repräsentiert den vollen Menschen. Hildegard denkt weiter: So wie Eva aus Adam Mensch wurde, so wurde Christus aus Maria Mensch. Hier ist Adam ein Hinweis auf Maria, Eva auf Christus.

Wenn Hildegard oben schreibt, in der Frau sei wie in einem Spiegel das ganze Menschengeschlecht verborgen, passt das zu einem Bild aus *Scivias:* Hier erscheint Eva als wunderschöne weiße Wolke, schwanger mit unzähligen Sternen. Denn Eva trägt die ganze Menschheit in sich.

EVA ALS OPFER

Auch Hildegard muss erklären, warum sich die Schlange im dritten Kapitel der Genesis an die Frau und nicht an den Mann wendet. Zu ihrer Zeit verstehen viele Bibelausleger Genesis 3 vor dem Hintergrund ihrer abwertenden Sicht auf die Frau in Genesis 1 und 2: Weil die Frau weiter entfernt von Gott ist als der Mann, wird nicht er, sondern sie das ideale Einfallstor für die Verführung durch die Schlange! Sie sprechen Eva schuldig.

Auch für Hildegard ist es plausibel, dass die Schlange sich an die Frau heranmacht. Nicht, weil die Frau weiter von Gott entfernt wäre als der Mann, sondern weil die Frau für die ganze Menschheit steht. Die Schlange weiß: Wenn sie der ganzen Menschheit schaden will, braucht sie Eva. Und die Schlange weiß um Adams große Liebe zu Eva. Sie baut darauf, dass er ihr folgen wird.

»Die« Schlange ist im Lateinischen wie im Hebräischen männlich. Nicht nur Hildegard versteht sie als Phallussymbol: Der Schlangerich ist für sie niemand anderer als der Teufel. Hildegard geht von einer Vorgeschichte zu Genesis 3 aus, die so nicht in der Bibel steht. Für sie spielt der sogenannte Engelsturz eine wichtige Rolle. Er bildet – ähnlich wie in Goethes Faust – sozusagen den »Prolog im Himmel«, ehe das Drama der Heilsgeschichte auf der Erde beginnt: Die Engel strahlen wider von göttlichem Glanz. Lucifer (der »Lichtträger«), dem schönsten Engel, genügt das nicht. Er will nicht Licht spiegeln, sondern selber Lichtquelle sein. Das geht schief, er fällt aus dem Himmel, verliert seinen Glanz und wird zum Teufel. Wenn Gott den Menschen erschafft, wird der Teufel neidisch. Mit dieser Liebesbeziehung hat er nicht gerechnet. Daher will er dem Menschen schaden. Für Hildegard hat der Teufel die größere Verantwortung an der Katastrophe im Paradies als Eva. Als Schlangerich infiziert er Eva, die schöne schwangere Wolke, mit der Sünde. Eva wird traurig und krank. Sie kann nur noch Trauer und Krankheit gebären. Seitdem sind alle Menschen von der Sünde betroffen: Wie Eva werden sie traurig und krank.

Anders als viele Zeitgenossen klagt Hildegard mehr über Eva, als dass sie sie verurteilt. Hildegards Eva ist in Genesis 3 mehr Opfer als Täterin. Hildegards Klage über die verwundete Eva ist vor allem in vielen ihrer Mariengesänge, in denen sie sie Eva und Maria gegenüberstellt, zu hören.

EIN FINSTERER SEE UND VIEL GOLD

Das Bild auf Seite 101 *(Abb. 5)* aus dem Rupertsberger Scivias-Codex erzählt gleich von zwei Katastrophen, von zwei Sündenfällen: Die Sterne oben sind Hinweise auf die Engel, die göttliches Licht spiegeln. Lucifer fällt aus dem himmlischen Glanz. So entsteht die Hölle. Hildegard sieht sie als qualmenden, finsteren See.

In den vier Ecken des Bildes erscheinen die vier Elemente Luft und Feuer (oben), Wasser und Erde (unten). Sie geraten in Aufruhr durch das, was sie erleben müssen. Unten rechts sind die zwei Bäume aus dem Garten Eden zu erkennen: der Baum des Lebens und der Baum der Erkenntnis von Gut und Böse (Genesis 2,9). Quer im Bild liegt Adam; er steckt schon mit dem Kopf im höllischen See. Aus seiner Seite, da, wo Gott ihm die Rippe entnahm, wächst die strahlend weiße Eva-Wolke, schwanger mit unzähligen Sternen, weil sie die ganze Menschheit in sich trägt. Durch den schwarzen Schlangerich, der aus dem finsteren See kommt, bleibt die weiße Wolke nicht weiß. Finsternis breitet sich aus über die Menschheit.

Das Bild erzählt auch von der Hoffnung: Denn der Hintergrund, auf dem sich die Katastrophe Adams und Evas abspielt, bleibt golden. Der höllische See hat Grenzen. Hildegard sieht bereits die Erlösung aufleuchten. Lucifers Fall ist endgültig. Der Mensch aber fällt, weil er betrogen wird. Dieser passive Charakter des menschlichen Falls bedeutet für Hildegard einen großen Unterschied zum Fall Lucifers. Gott hat Mitleid mit dem betrogenen Menschen, der nun traurig und krank ist. Hildegard vergleicht den Menschen mit einer Perle, die in den Schmutz fällt. Gott lässt die Perle nicht im Schmutz liegen, hebt sie auf, reinigt sie – und schenkt ihr größeren Glanz als vorher!

EXPERIMENT

Was ist für Sie hilfreich, tröstend, ermutigend in Hildegards Auslegung zu Genesis 1–3:

- für das Verhältnis von Mann und Frau, »männlich« und »weiblich«?
- für unsere Wirklichkeit »jenseits von Eden«?

Wo entdecken Sie bei Hildegard tiefe Menschenkenntnis, die nach wie vor aktuell ist?

ABB. 5: RUPERTSBERGER SCIVIAS-CODEX,
ILLUMINATION VISION I 2 (TAFEL 3)

9
KIRCHE UND SEXUALITÄT, JUNGFRÄULICHKEIT UND EHE

In der Mitte von Hildegards Theologie stehen Schöpfung und Menschwerdung. Das ist ein fundamental anderer Ansatz als der Dualismus der Katharer. Ihnen sind Sie in Kapitel 1 begegnet. Die Katharer halten alles Materielle für tendenziell böse. Hildegard dagegen ist getragen von einem »Schöpfungsoptimismus«.

EIN GOTT, DER DAS FLEISCH LIEBT

Wenn sie im Buch der göttlichen Werke Johannes 1,14 auslegt (»Und das Wort ist Fleisch geworden«), kommentiert sie diesen zentralen Satz: »Gott hatte das Fleisch brennend lieb« *(ardenter in amore habuit)!* Kein Katharer könnte mit ihr in diesen Jubelruf über das Fleisch einstimmen!

Wenn sie anschließend auslegt, wie Gott gemäß Genesis 1 in sieben Tagen die Welt schafft, liest sie nach jedem Tag den refrainartigen Satz: »Und Gott sah, dass es gut war.« Hildegard folgert: Es ist also nichts schlecht und böse, was Gott geschaffen hat: Wasser und Erde, Pflanzen und Tiere, Mann und Frau. Auch die Fortpflanzung nicht. Im Gegenteil ist sie göttliches Gebot (Genesis 1,28). Wenn Hildegard die

Schaffung von Mann und Frau am sechsten Schöpfungstag kommentiert, meint sie: Gott wollte von Anfang an nicht nur Ordensleute, sondern auch Eheleute, die fruchtbar sind wie die Erde. Auch sie segnete er mit dem Segen seiner Menschwerdung.

VERHÄNGNISVOLL: DIE ERBSÜNDE

Die Leibfreundlichkeit Hildegards hat leider einen Haken. Denn Hildegard teilt die Tradition von der Erbsünde. Der Kirchenvater Augustinus (354–430) stellte sich der Frage: Woher kommt das Böse? Er kennt die Erfahrung: Das Böse lässt sich nicht immer persönlich zuordnen in dem Sinne, dass einer oder eine Schuld hat. Das Böse scheint grundsätzlich mit unserem Menschsein zusammenzuhängen, und zwar von Anfang an. Augustinus macht nicht einfach die Materie für das Böse verantwortlich. Seine Antwort ist komplexer.

Im Mittelalter glaubt man, dass wir alle von Adam und Eva abstammen. Über diese Abstammung kommt auch die Sünde des ersten Menschenpaares auf uns. Bei der Entstehung jedes Menschenlebens wird die Erbsünde weitergegeben. Warum ausgerechnet da? Weil beim Geschlechtsverkehr nicht der Wille das Steuer in der Hand hat. Nicht die Sexualität an sich ist Sünde. Aber sie wird zum Einfallstor der Erbsünde. Diese Vorstellung teilt auch Hildegard. Mehrmals schreibt sie, dass der Teufel die Fortpflanzung erschüttert. Wenn Gott jungfräulich Mensch wird, umgeht er die Erbsünde. Anders als bei unserer Entstehung ist der Teufel außen vor, wenn Maria mit Christus schwanger wird.

Viele mittelalterliche Theologen und Theologinnen bemühen sich gegen die Katharer um die Ehe – auch Hildegard. Im 13. Jahrhundert wird die Ehe sogar offiziell ein Sakrament. Das ist sie zur Zeit Hildegards noch nicht. Aber die Ehe steht unter dem Dilemma, dass hier zwar einerseits Mann und Frau den göttlichen Auftrag umsetzen, fruchtbar zu sein – und dies andererseits nicht können, ohne gleichzeitig die Erbsünde weiterzugeben.

Insofern ist es konsequent, wenn die Ehe zwar als wertvoll gilt – aber als nicht so wertvoll wie die Lebensform der Jungfrauen und Mönche. Hildegard und andere sprechen sich für den Zölibat der Weltpriester aus, der im zwölften Jahrhundert noch lange nicht selbstverständlich ist. Die Priester sollen rein leben wie die Mönche.

Die Verknüpfung von Erbsünde und Sexualität war nie ein Dogma. Aber sie war lange mächtig. Die Vorstellung, dass wir alle von Adam und Eva abstammen (Fachwort: Monogenismus), gilt längst als überholt. Im zwanzigsten Jahrhundert betonen gleich mehrere Päpste, wie wertvoll Sexualität und Lust sind. Papst Franziskus hat in seinem Apostolischen Schreiben *Amoris laetitia* 2016 die sexuelle Lust sogar mit der Erfahrung der Auferstehung an Ostern verglichen! So zu denken war Hildegard vor 850 Jahren nicht möglich. Trotz vieler schöner lehramtlicher Texte wirft die Verknüpfung von Erbsünde und Sexualität lange Schatten. Sie begegnet uns in alten Marien- und Weihnachtsliedern. Sie verhindert(e) für etliche Christen und Christinnen ein unbeschwertes Verhältnis zur eigenen Sexualität. Sie wirkt in vielen Vorurteilen und Klischees über Sexualität und Kirche fort.

EXPERIMENT

Wo ist Ihnen die Verbindung von Sexualität und Erbsünde schon einmal begegnet? Vielleicht fallen Ihnen Lieder ein, in denen Keuschheit, Reinheit und Jungfräulichkeit in einem Atemzug genannt werden. Wo noch?
Welche religiösen Botschaften zum Thema Sexualität haben Sie in Ihrer Herkunftsfamilie kennengelernt? Was ist heute daraus geworden? Was hat dazu beigetragen?

Heutige Theologen und Theologinnen vermeiden manchmal das Wort »Erbsünde«, weil es so belastet ist, und sprechen lieber von Ursünde oder Urschuld, auch von Entfremdung oder Entferntsein. Denn die

Erfahrung, dass die Welt nicht in Ordnung ist, verbindet uns mit Augustinus: Jedes Kind wird in unheilvolle Strukturen hineingeboren.

DIE JUNGFRAU IST FREI UND SELBSTÄNDIG

Wenn Hildegard immer wieder die Jungfräulichkeit vor der Ehe preist, ist sie Kind ihrer Zeit. Es ist hilfreich, Hildegards Hochschätzung der Jungfräulichkeit nicht nur unter dem Aspekt der Erbsünde wahrzunehmen. Wie erlebt eine Nonne im 12. Jahrhundert den Alltag ihrer nicht-jungfräulichen Geschlechtsgenossinnen?

Im Kapitel 2 war von Hildegards Briefwechsel mit Tengswind die Rede: Tengswind, Leiterin einer augustinischen Schwesterngemeinschaft und beeinflusst von der Armutsbewegung, fragt kritisch bei Hildegard an, warum diese nur adelige Töchter aufnehme. Aus diesem Briefwechsel erfahren wir von einer weiteren Besonderheit in Hildegards Kloster: An Festtagen stehen die Nonnen mit offenem Haar beim Chorgebet; außerdem tragen sie Kronen und Ringe. Tengswind versteht die Welt nicht mehr. Hildegard antwortet ihr:

> *Die Erde bringt (sudat) das Grün des Grases hervor, bis der Winter sie überkommt. Und der Winter nimmt ihr die Schönheit ihrer Zierde und sie bedeckt die grünende Pracht und kann sich von nun an nicht mehr so darstellen, als ob sie niemals verwelkt wäre, weil der Winter sie hinweggerafft hat. Daher soll sich (auch) die Frau nicht wegen ihres Haares überheben und sich schmücken oder sich mit einem auffallenden Diadem und irgendeinem Goldschmuck hervortun, außer auf Wunsch des Mannes, um ihm im rechten Maß zu gefallen.*
>
> *Das betrifft die Jungfrau nicht. Sie* **steht** *vielmehr in der Einfalt und Unversehrtheit des schönen Paradieses da, das niemals welk erscheinen wird, sondern immer in der vollen Grünkraft der Blüte am Reis bleibt. Der Jungfrau ist es nicht geboten, ihr üppiges Haar zu be-*

decken, sondern sie verhüllt sich freiwillig in größter Demut, weil der Mensch die Schönheit seiner Seele verbirgt, damit sie kein Habicht durch Hochmut raubt.[6]

Hildegard vergleicht Ehefrauen und Jungfrauen mit der fruchtbaren Erde. Im ersten Abschnitt geht es um die Ehefrauen. Bezeichnend ist Hildegards Wortwahl: Hier ist vom Winter, auch vom Verwelken die Rede, sogar vom Hinwegraffen. Im Winter bedeckt die Erde die grünende Pracht mit Schnee. Im Mittelalter kommen Frauen mit der Heirat »unter die Haube« – nicht nur sprichwörtlich. Auf vielen mittelalterlichen Gemälden sind die Ehefrauen an ihrer Bedeckung, am Schleier zu erkennen.

Im zweiten Abschnitt geht es um die Jungfrauen. Sie verwelken nicht. Sie bleiben unversehrt. Die Einfalt, von der Hildegard schreibt, ist ein ganz hohes Gut. Das heißt auch: Als Ehefrau leben ist kompliziert. Als Jungfrau leben ist einfach. Wer als Ehefrau lebt, erlebt offenbar einen Verlust, ein Verwelken, Einschränkungen. Jungfräulichkeit dagegen hat mit Fülle zu tun. Für die Jungfrau gilt kein Gebot, das Haar zu bedecken – sie tut es freiwillig. Jungfräulichkeit bedeutet Freiheit! Und Jungfräulichkeit bedeutet Selbststand. Denn weiter heißt es, dass es sich für die Jungfrau ziemt, sich zu schmücken. Die Ehefrau dagegen kann sich (nur) für ihren Mann schmücken.

Dieser Text klingt heute fremd. Eigentlich ist er sehr bitter. Denn er verrät viel über den Alltag der Frauen, die heiraten mussten und keine Chance hatten, Jungfrau zu bleiben. Singles gibt es im Mittelalter nicht. Gelebte Sexualität macht nicht Lust, sondern alt. Jungfräulichkeit ist paradiesisch.

EXPERIMENT

Hören Sie noch einmal die Formulierungen, mit denen Hildegard das Leben der Ehefrauen skizziert: Winter – Überkommen – (Weg)Nehmen – Verwelken – Hinwegraffen. Welche Bilder entstehen vor Ihrem inneren Auge? Welche konkreten Alltagsszenen können Sie sehen? Die Wörter »Jungfrau« und »Jungfräulichkeit« haben es heute nicht leicht. Wie klang bisher »Jungfräulichkeit« für Sie? Welche Unterschiede sind durch die Begegnung mit Hildegards Brief entstanden? Was bedeuten Freiheit und Unabhängigkeit für Sie selber? Wie leben Sie sie im 21. Jahrhundert?

LIEBER STERBEN ALS HEIRATEN

Schon in den ersten Jahrhunderten war das Christentum für Frauen attraktiv, weil es eine Chance bot, auszusteigen aus dem üblichen Lebenslauf, verheiratet zu werden und Kinder zu bekommen. Eine Jungfrau ist *selber* wertvoll! Davon erzählen viele Legenden von Märtyrerinnen, die ihren Glauben und ihre Jungfräulichkeit bewahren wollten und lieber hingerichtet wurden, als zu heiraten.

Zur Zeit Hildegards werden in Köln die angeblichen Reliquien der heiligen Ursula und ihrer elftausend jungfräulichen Gefährtinnen gefunden. Die Legende erzählt, dass Ursula ihre Heirat hinauszögerte und erst zu einer Pilgerreise aufbrach, bei der sie und ihre Schar Päpste und Bischöfe als Unterstützer fanden – bis sie schließlich von Heiden ermordet wurden. Hildegard greift die Legende auf; sie dichtet und komponiert liturgische Gesänge für den Gedenktag der heiligen Ursula, den sie mit ihren Schwestern begeht. Hildegard scheint in Ursula und ihren Jungfrauen ein Modell für sich und ihre Nonnen entdeckt zu haben. Hier geht es nicht um die Frage: heiraten oder nicht. Möglicherweise spielt die Lösung vom Disibodenberg eine Rolle: Auch Hildegard brach mit einer Schar Jungfrauen auf und machte sich auf den Weg, fand einflussreiche männliche Unterstützer und verfolgte ein eigenes Projekt. Hildegard dichtet über Ursula:

Sie hat ihre Heimat wie Abraham zurückgelassen,
und wegen der Umarmung des Lammes
sich der Verlobung mit einem Mann entzogen.
Denn dieses ganz keusche und goldene Heer
hat mit jungfräulichem Haar das Meer überquert.
O wer hat jemals so etwas gehört?[7]

DIE KIRCHE IST NOCH LANGE NICHT FERTIG

In *Scivias* sieht Hildegard die Kirche als riesige Frau. Der weiße Glanz auf ihrem Gesicht zeigt die wahre Lehre und ihren großen Auftrag: Die Kirche verkündet die Botschaft von der Menschwerdung Gottes. Der Brustbereich von Frau Kirche schimmert rot. In diesem Rot erscheint die Jungfräulichkeit als Mädchen mit offenem Haar. Dieses Mädchen ist umgeben von den Töchtern Zions, die jungfräulich leben. Unter den Töchtern Zions sind nicht nur Jungfrauen, sondern auch Männer: Hildegard sieht Bischöfe mit Mitra, die den Zölibat halten. Unter dem roten Glanz, in der Leibesmitte von Frau Kirche, sieht Hildegard bedrohliche Finsternis. Sie steht für den Sündenfall. Aber die Finsternis ist gebannt, nämlich durch die jungfräuliche Menschwerdung und die Erlösung am Kreuz. Hier ist der Ort der Mönche. Sie bilden quasi den Gürtel der Kirche. Der Gürtel ist nicht nur bei Hildegard ein Symbol für sexuelle Disziplin.

Unterhalb des Gürtels, vom Nabel an abwärts, ist der Ort der Laien. Hier wird Frau Kirche eingehüllt vom Glanz einer weißen Wolke. Erinnern Sie sich an Eva? Hildegard schreibt sehr wertschätzend von ihr und sieht sie als weiße Wolke, schwanger mit unzähligen Sternen. Es ist genau diese schöne weiße Wolke, die hier wieder auftaucht. Ausdrücklich beginnt sie in der Region von Frau Kirche, in der die Fortpflanzungsorgane liegen. Ohne sie würde die Kirche aussterben!

Hildegards Text ist durchzogen von vielen pastoralen Appellen: Die Weltpriester sollen wie die Mönche sexuell enthaltsam leben. Eheleute sollen sich nicht leichtfertig trennen, um ins Kloster zu gehen – außer *beide* sind einverstanden. Eltern sollen ihre Kinder nicht gegen deren Willen ins Kloster schicken. Kein Stand soll sich über den anderen erheben. Ein Aufstieg ist möglich: Laien können zu Priestern aufsteigen und Priester zu Mönchen. Ein Abstieg von einem höheren Stand in den niedrigeren ist Grund zur Klage und bringt Chaos. Die Hierarchie ist gottgewollt.

Hildegards Bild wirkt heute fremd und bemerkenswert zugleich: Die Jungfräulichen bilden die Elite der Kirche. Offensichtlich sieht Hildegard Jungfrauen auf derselben Ebene wie Bischöfe! Was die Eheleute angeht, ist ihr Bild ambivalent. Sie bilden den untersten Stand. Aber auch hier scheint das Paradies wieder auf: in Form der weißen Eva-Wolke, in der das ganze Menschengeschlecht verborgen ist. Trotz allem entdeckt Hildegard also auch in der Ehe jenseits von Eden paradiesische Spuren!

Noch etwas ist bemerkenswert am Ort der Laien: Die Gestalt von Frau Kirche ist nicht fertig. Hildegard sieht sie ohne Füße. Denn die Kirche wächst weiter – und zwar nach unten. Die Jungfräulichen stehen zwar vor dem Herzen der Kirche. Hildegard sieht sie prächtig geschmückt und hört ein wunderbares Lied, das sie singen. Aber sie tragen nicht zum Wachsen der Kirche bei. Das ist Aufgabe der Laien!

Das Bild auf Seite 111 *(Abb. 6)* aus dem Rupertsberger Scivias-Codex setzt Hildegards Text nicht komplett um: Die ausgebreiteten Hände von Frau Kirche scheinen noch nicht fertig, auch der Hintergrund nicht. Die Finsternis im Nabelbereich fehlt. Mönche und Laien sind nicht sichtbar, wohl aber der weiße Glanz ab dem Unterleib. Gut zu erkennen ist auch, dass die Kirche weder Beine noch Füße hat.

EXPERIMENT

Hildegard denkt beim Weiterwachsen der Kirche an den Auftrag der Laien, für Nachkommen zu sorgen. Heute müssen wir nicht nur an Nachkommen denken. Es steckt eine Ermutigung für uns darin, dass die Kirche noch lange nicht fertig ist! Ebenso können wir eine Ermutigung darin hören, dass die Laien entscheidend dazu beitragen, dass die Kirche weiter wächst.
Wo sehen Sie die Ressourcen der Laien für die Kirche heute?
Wie sieht Ihre eigene Vision der Kirche aus? Malen Sie in Ihrer Phantasie oder auf einem Blatt Papier Hildegards Vision weiter oder entwerfen Sie ein eigenes Bild.
Welche Rolle spielen Laien, Priester und Ordensleute in Ihrer Kirchenvision?
Was macht für Sie das Herz der Kirche aus? Was ihren Kopf, ihre Hände, ihren Bauch, ihre Füße?
Wo sehen Sie sich selber?

PRAXISTIPP FÜR DIE GRUPPE

Laden Sie nach einer Bildbetrachtung die Teilnehmenden ein, das Bild weiter zu malen oder mit ihren eigenen Visionen der Kirche zu übermalen. Dazu können Sie es vorher ganz blass schwarz weiß kopieren und den Teilnehmenden kräftige Farben (Wachs- oder Filzstifte) zur Verfügung stellen.
Anschließend gibt es eine Ausstellung mit den entstandenen Kirchenbildern und einen Austausch über Visionen für die Kirche heute.

ABB. 6: ABB. 6: RUPERTSBERGER SCIVIAS-CODEX,
ILLUMINATION VISION II 5 (TAFEL 14)

10
TUGENDKRÄFTE – WUNDERBARE RESSOURCEN

Unser deutsches Wort »Tugend« ist sprachlich verwandt mit »taugen«. Wer Tugenden pflegt, ist kein Taugenichts, sondern taugt etwas. Im Lateinischen ist das anders: Das lateinische Wort für Tugend, *virtus,* ist ein Schlüsselwort in Hildegards Schriften. In *virtus* steckt das Wort *vis.* Das bedeutet Kraft. Tugenden sind für Hildegard Kräfte. *Virtus* übersetzt man daher für Hildegard besser nicht nur mit Tugend, sondern mit Tugendkraft. In unserer Kultur gehören Tugenden als Eigenschaften oder Haltungen auf die Seite des Menschen. Hildegards Tugendkräfte reichen über den Menschen hinaus.

EXPERIMENT

Wie klingt das Wort »Tugend« für Sie: überholt oder aktuell oder irgendwas dazwischen, leicht oder anstrengend?
In welchem Zusammenhang ist es Ihnen begegnet?
Welche Tugenden sind Ihnen spontan wichtig?

Woher stammen diese Kräfte? Und wozu sind sie da? Hildegard meint, dass die Kräfte von Gott kommen. Aber das ist nur *eine* Seite. Gott gibt diese Kräfte, damit wir Menschen sie anwenden. Kooperation, Zusammenwirken, ist ein weiteres Schlüsselwort in Hildegards Schriften.

Es hängt eng mit ihrer Vorstellung der Tugendkräfte zusammen: Gott schickt uns Tugendkräfte und lädt uns zur Kooperation ein. Er will nicht, dass wir die Hände in den Schoß legen. Gott stattet uns wunderbar aus und schenkt uns Begabungen und Fähigkeiten. Dafür gibt es ein anderes großes theologisches Wort: das Wort Gnade. Natürlich kennt Hildegard auch dieses Wort (lateinisch *gratia*). Aber es fällt auf, dass sie statt von Gnade oft von Tugendkraft spricht. Sie ist sensibel dafür, dass in »Tugendkraft« viel deutlicher die Kooperation von Gott und Mensch mitschwingt, als wenn allein von der Gnade die Rede ist.

Hildegards Tugendkräfte sind himmlisch und irdisch, göttlich und menschlich. Insofern sind sie zutiefst verwandt mit dem Brennpunkt der ganzen Schöpfung und Heilsgeschichte: mit Christus, von dem Christen glauben, dass er Gott und Mensch war. Insofern wird in jedem Menschen, der in den Tugendkräften mit Gott kooperiert, Christus in dieser Welt sichtbar!

MUTTER ALLER TUGENDKRÄFTE: DIE UNTERSCHEIDUNGSGABE

Für Hildegard, ja überhaupt für unsere Tradition, sind nicht alle Tugendkräfte gleichrangig. Paulus nennt die drei Haupttugenden Glaube, Hoffnung, Liebe – mit dem Resümee: »Am größten aber ist die Liebe« (1 Kor 13,13). Wer im Alltag mit der Liebe unterwegs ist, muss feststellen: Man kann nicht immer alle Menschen überall in der gleichen Art und Weise lieben. Manchmal nämlich heißt »lieben«: barmherzig sein und eine Fünf gerade sein lassen. Wer aber immer eine Fünf gerade sein lässt, kann in Teufels Küche kommen ... Manchmal kann »lieben« auch heißen: konsequent sein, einen Konflikt wagen, Entscheidungen treffen, die für manche möglicherweise unangenehm sind, aber langfristig weiterbringen. Es braucht also noch etwas, um entscheiden zu können: Welche Liebe ist denn hier gefragt? Was ist in dieser Situation hilfreich und bringt weiter?

In der Ordensregel Benedikts ist die *discretio,* die Unterscheidungsgabe, wichtig. Wir kennen im Deutschen die Diskretion als Verschwiegenheit – etwa bei Banken oder bei der Beratung. Das ist eine sehr konkrete Form der Unterscheidung: Was gebe ich weiter? Und was behalte ich für mich? Die *discretio* bei Benedikt meint mehr: Wann ist was dran? Was gehört wohin? Was kostet welchen Preis? Was hilft nachhaltig zu welchem Ziel? Das Unterscheiden ist ein Prozess, in dem sondiert und sortiert wird.

Hildegard legt die biblische Botschaft von der Schöpfung aus. Das erste Kapitel der Genesis beginnt damit, dass Gott scheidet: Licht und Finsternis, Wasser und Land. Hier entdeckt Hildegard einen Hinweis auf die Unterscheidungsgabe: Wo nichts unterschieden wird, kann nichts Schöpferisches entstehen.

Für Benedikt und für Hildegard zeigt sich die Unterscheidungsgabe vor allem als Maßhaltung. Benedikt und Hildegard halten wenig von Extremen: von Höchstleistungen beim Fasten oder Beten oder ... Es geht um das rechte Maß, die passende Mitte!

DIE TUGENDKRÄFTE BAUEN MIT AM HEIL

Hildegards Tugendkräfte sind nicht statisch. Sie erscheinen als Allegorien (als Personen, vgl. Kapitel 5!). Sie sind lebendig und beweglich, unterwegs von oben nach unten (als Kräfte, die Gott gibt) und von unten nach oben (als Kräfte, mit denen der Mensch mit Gott zusammenwirkt). In *Scivias* entwirft Hildegard ein gewaltiges Bild: ein großes Gebäude aus mehreren Teilbauten. Dieses Gebäude steht für das Heil, das Gott den Menschen schenkt. Es ist noch nicht fertig. Daher sieht Hildegard mehrere Baustellen.

In diesem Gebäude befindet sich eine besondere Säule. Sie steht für die Menschheit des Erlösers. Sie trägt den Bau der Kirche und lebt von der Mitwirkung der Menschen. Daher ist in ihrem Inneren eine

Leiter. Darauf steigen Tugendkräfte auf und ab. Dieses Bild ist inspiriert von der Jakobsleiter, auf der Jakob im Traum Engel auf- und absteigen sieht, die Himmel und Erde verbinden (Genesis 28,12). Hildegards Tugendkräfte schleppen Steine; denn sie sind Bauleute. Sie bauen an dem Heil mit, das Gott den Menschen zugedacht hat. Hildegard benennt sieben Tugendkräfte: an erster Stelle die Demut, dann die Liebe, die Gottesfurcht, den Gehorsam, den Glauben, die Hoffnung, die Keuschheit.

Die Illustration aus dem Rupertsberger Scivias-Codex auf Seite 117 *(Abb. 7)* zeigt diese sieben Gestalten rechts und links neben der Säule. Oben rechts sitzt die Demut mit einer goldenen Krone. Vor ihrer Brust erscheint das Bild Christi, in dem Gott sich nicht zu schade war, Mensch zu werden. In der Menschwerdung Christi gab er uns ein Beispiel der Demut. Unter ihr sitzt die Liebe. Ihre Tunika erscheint in der Farbe des Himmels und hat zwei Streifen. Sie weisen auf die Einheit von Gottes- und Nächstenliebe hin. Die Liebe sagt von sich selber, dass sie in Christus zur Erde niederstieg. Die dritte Gestalt von oben ist die Gottesfurcht. Sie ist überall von Augen bedeckt, denn sie schaut das Wesentliche. Hildegard schreibt von ihr: »Sie lebt ganz in der Weisheit.« Ganz unten rechts sitzt der Gehorsam mit gebundenen Händen und Füßen. Denn der Gehorsam will nicht einfach jeden beliebigen Weg einschlagen, sondern sich auf den entscheidenden Weg zu Gott machen. Die fünfte Gestalt, der Glauben, sitzt oben links – und zwar mit einer roten Kette um den Hals. Denn diese Gestalt ist bereit zum Martyrium. Sie ist sich treu und bereit, dafür einen Preis zu zahlen. Unter ihr sitzt die Hoffnung und schaut auf den Gekreuzigten. Sie baut darauf, dass Gott den Menschen nicht hängen lässt. Ganz unten links sehen wir die Keuschheit. Sie wird behütet vom Heiligen Geist, sichtbar als Taube über ihr. Auf ihrem Schoß sitzt ein Kind – in Hildegards Text ein Hinweis auf die Unschuld. In ihrer Rechten hält sie ein Zepter; denn im Umgang mit ihren Begierden ist sie eine Meisterin im Lenken und Leiten.

Auf der Säule selber sehen wir Bauleute, die Steine tragen. Die Steine entsprechen den Werken, die entstehen, wenn wir Menschen mit den göttlichen Tugendkräften kooperieren. Gott baut auf unsere Zusammenarbeit, damit das Gebäude wachsen kann. Ganz oben auf der Säule erscheint im bischöflichen Gewand die Gnade (hier steht tatsächlich einmal *gratia!*). Sie hält eine lange Rede und lädt die Menschen ein, mit Gott zusammenzuwirken und sich seiner Heilung anzuvertrauen.

TUGENDKRÄFTE UND LASTER

Hildegard meint: Der Mensch ist frei, sich für oder gegen Gottes Einladung zur Kooperation zu entscheiden. Im Buch der Lebensverdienste sieht sie, wer noch außer Gott den Menschen zur Zusammenarbeit gewinnen will. Hier geht es nicht nur um Tugendkräfte, sondern auch um Laster. Hildegard stellt insgesamt 35 Paare von Lastern und Tugendkräften gegenüber. Interessant ist: Die Tugendkräfte wollen vor allem durch ihre Worte überzeugen. Die Laster jedoch erscheinen als atemberaubende Mischwesen, zusammengesetzt aus menschlichen und tierischen Bestandteilen. Leider haben wir keine illustrierte Handschrift dieses Werks. Viele Laster kämen den phantastischen Monstern von Hieronymus Bosch oder aus einem Computerspiel recht nah ...

Wie die Laster zusammengesetzt sind, hängt davon ab, wofür sie werben und die Menschen gewinnen wollen. Wie Hildegard sie ausstattet und welche Einladung sie ihnen in den Mund legt, verrät eine tiefe Menschenkenntnis. So tritt etwa der Hochmut mit dem Gesicht einer Frau, aber der Brust eines Mannes auf. Die Missgunst hat statt Händen die Klauen eines Bären, mit denen sie alles in den Dreck zieht, wenn sie es schon nicht selber besitzen kann. Die Unglückseligkeit ist wie von Aussatz befallen und gefällt sich darin zu klagen. Ihr antwortet die Seligkeit:

ABB. 7: RUPERTSBERGER SCIVIAS-CODEX,
ILLUMINATION VISION III 8 (TAFEL 29)

Du zerschneidest dich selbst, da du nicht auf Gott vertraust. Du erbittest nichts von Gott, deswegen wirst du auch nichts finden. […] Du aber vertraust nicht auf Gott und hast keine Sehnsucht nach seiner Gnade, deswegen stößt dir alles Übel zu.[8]

Die Seligkeit weiß um den Teufelskreis einer *self fulfilling prophecy*, einer sich selbst erfüllenden Prophezeiung: Die angstvolle Erwartung, immer alles falsch zu machen, bewirkt die Erfüllung genau dieser Vorhersage. Die Seligkeit macht Mut, aus diesem Mechanismus auszusteigen und ein anderes Muster zu wagen: von Gott etwas zu erwarten!

EXPERIMENT

Hildegards Laster können Sie auch als Dämonen oder Monster bezeichnen. Es handelt sich um ungute Mächte.
Entscheiden Sie sich für eine von ihnen, die Sie aus Ihrem Inneren gut kennen, weil sie immer mal wieder auftaucht und Sie einlädt, ihr in bestimmten Situationen die Führung überlassen.
Lassen Sie vor Ihrem inneren Auge ein Bild entstehen: Wie sieht die Gestalt aus? Mensch oder Tier oder von beidem etwas? Welche Farben zeichnen sie aus? Hat sie Füße und Hände? Welchen Gesichtsausdruck können Sie erkennen?
Welche Botschaften können Sie hören: Was sagt die Gestalt?
Sie können dieses Bild malen.
Schauen Sie Ihr Bild an: Sie sehen einen guten alten Bekannten!
Werfen Sie Ihr Bild nicht weg.
Sie können einen inneren Dialog mit der Gestalt beginnen oder ihr einen Brief schreiben: Bestimmt hat sie eine Funktion in Ihrer Biographie. In welchen konkreten Situationen war sie wichtig? Sagen Sie es ihr.
Vielleicht entdecken Sie sogar: Diese Gestalt war auch nützlich für Sie – oder sie ist es manchmal immer noch. Zum Beispiel kann je-

mand, der oder die den Trotz gut kennt, entdecken, dass der Trotz früher dazu beigetragen hat, sich selber gegen andere zu behaupten. Oder jemand mit dem alten Bekannten Geiz verdankt dieser Bekanntschaft die Fähigkeit, mit wenig auszukommen. Auch dies können Sie der Gestalt sagen oder schreiben.
Versuchen Sie, auch mit einem liebevollen Blick auf die Gestalt zu schauen.
In welchen Situationen erleben Sie die Gestalt heute als weniger nützlich und hilfreich?

HILDEGARDS SINGSPIEL VON DER ORDNUNG DER TUGENDKRÄFTE

Hildegard hat ein Singspiel gedichtet und komponiert: den *Ordo virtutum. Ordo* heißt Ordnung, aber auch: Tanz und Kosmos. Viele der Tugendkräfte, die in *Scivias* und im Buch der Lebensverdienste erscheinen, treten auch hier als Allegorien auf: die Gotteserkenntnis, die Demut, die Liebe, die Gottesfurcht, der Gehorsam, der Glaube, die Hoffnung, die Keuschheit, die Unschuld, die Weltverachtung, die Liebe zum Himmlischen, die Disziplin, die Schamhaftigkeit, die Barmherzigkeit, der Sieg, die Unterscheidungskraft, die Geduld. Diese siebzehn Tugendkräfte stellen sich singend vor. Sie entstammen ja der göttlichen Harmonie. Aber auch die menschliche Seele kann in diesem Spiel singen. Denn sie ist von Gott geschaffen zur Kooperation, zur Symphonie mit ihm. »Symphonie« heißt wörtlich: Zusammen-Klang. Anders als im Buch der Lebensverdienste treten im *Ordo virtutum* keine Laster auf, sondern der Teufel höchstpersönlich. Er ist der Einzige, der in dem Stück nicht singen kann. Denn er entschied sich ja in der Ewigkeit gegen die himmlische Harmonie und fiel aus der Ordnung (vgl. Kapitel 8).

Sowohl die Tugendkräfte als auch der Teufel werben um die Seele und wollen sie zur Kooperation gewinnen. Die Seele gibt dem Teufel nach. Nun muss sie erkennen, dass sie sich selber geschadet hat, dass sie schwer verwundet ist. Auch die verwundete Seele verliert nicht die Fähigkeit zum Singen. Sie wendet sich den Tugendkräften zu und bittet sie um Hilfe. Ihr Hilferuf bringt die Wende. Die Tugendkräfte erweisen sich nun als Heilkräfte. Die Seele gewinnt neue Kraft und singt Richtung Teufel: »Ich kämpfe (selber!) gegen dich!« Nun können die Tugendkräfte den Teufel fesseln. Am Ende des *Ordo virtutum* weitet sich der Blick auf das Ende der Welt: Hier erscheint Christus und bittet Gott, ein Ende mit allen Katastrophen und einen neuen Anfang mit seiner Schöpfung zu machen (vgl. Kapitel 13).

Hildegards *Ordo virtutum* steht ganz am Ende des berühmten Riesencodex, in dem ihr Gesamtwerk bewusst in dieser Reihenfolge zusammengestellt wurde. Hildegards Schau auf Gott und Mensch, auf Schöpfung und Geschichte verdichtet sich in diesem Psychodrama, das von jedem und jeder von uns erzählt: von unserer wunderbaren Ausstattung mit göttlichen Kräften, von unseren Umwegen und Irrwegen, von unserer bleibenden Sehnsucht nach Heilung. Diese Sehnsucht kann Kräfte freisetzen, die die Wende bringen.

Hildegard geht von einem ganz aktiven Menschenbild aus und traut uns sehr viel zu – selbst dann, wenn wir verwundet sind. Sie meint nicht, dass wir alles selber machen müssen. Wir sind von Anfang bis Ende eingebettet in Gottes Handeln an uns. Am Anfang steht unsere wunderbare göttliche Ausstattung. Am Ende kommt Gott uns in Christus entgegen. Was für eine Ermutigung!

EXPERIMENT

Vor welcher Herausforderung stehen Sie selber gerade?
Erinnern Sie sich an eine Herausforderung, die Sie bereits gemeistert haben: Welche inneren Kräfte waren für Sie hilfreich? Lassen Sie sich von den sieben Tugendkräften aus *Scivias* und von den siebzehn aus dem *Ordo virtutum* inspirieren: Vielleicht sind Ihre eigenen Tu-

gendkräfte dabei – oder Sie entdecken noch ganz andere und geben ihnen eigene Namen. Wählen Sie nicht zu viele, vielleicht eine Handvoll, aus!
Erinnern Sie sich an die guten Erfahrungen, die Sie bereits mit ihnen gemacht haben!
Schlüpfen Sie der Reihe nach in die Rolle Ihrer Tugendkräfte, schauen Sie sich selber einmal von außen an: Welche ermutigende Botschaft sagen Ihre Tugendkräfte Ihnen zu?
Denken Sie auch noch einmal an die Gestalt aus dem letzten Experiment: Vielleicht ist eine Ihrer ganz persönlichen Tugendkräfte ja auch hier eine gute Beraterin? Was könnten Ihre Tugendkräfte zu der Gestalt sagen, die Sie in bestimmten Situationen als wenig hilfreich erleben?
Schicken Sie diese Gestalt nicht weg, sondern zum Beispiel von der ersten in die zweite Reihe. Überlassen Sie die Leitung Ihren Tugendkräften, die Sie als hilfreich erlebt haben!
Vergewissern Sie sich bei Hildegard: Sie haben wunderbare Ressourcen. Es ist viel da. Vielleicht (noch) nicht alles. Aber da kommt noch etwas, da kommt noch jemand auf Sie zu! Sie sind von Anfang an bis ganz zum Ende wunderbar aufgehoben. Überlassen Sie Ihre aktuelle Herausforderung Gott, halten Sie sie ihm im Gebet hin.

PRAXISTIPP FÜR DIE GRUPPE

Für das letzte Experiment können Sie auch die Gruppe nutzen. Je nach Größe und Zeit ist nicht Raum für alle einzelnen Anliegen. Fragen Sie, wer die Gruppe nutzen möchte – und entscheiden Sie mit der Gruppe, welche Anliegen vorkommen.
Die konkrete Herausforderung kann, aber muss nicht vor den anderen benannt werden. Es reicht, wenn die Person, die sich Unterstützung wünscht, ihre je eigenen Tugendkräfte vorstellt und kurz skizziert, was sie mit ihnen verbindet.

Stellen Sie es ausdrücklich den anderen Teilnehmenden frei, ob sie eine Rolle übernehmen möchten oder nicht. Die Entscheidung trifft jede/r Einzelne!
Nun bittet die Person, die sich Unterstützung wünscht, andere Teilnehmende, in die Rolle einer ihrer Tugendkräfte zu schlüpfen. Die Tugendkräfte können ihre ermutigenden Botschaften laut zusagen oder ergänzend auf Moderationskarten schreiben und sie auf den Boden vor die Person zu legen, so dass diese sie mitnehmen kann.
Die jeweilige Person hört nur zu und sagt ganz zum Schluss, was besonders hilfreich für sie war. Sie bedankt sich bei den Mitwirkenden. Sie werden aus ihren Rollen entlassen.
Sie als Leitung können anschließend auch die entlassenen Tugendkräfte nach ihren Erfahrungen in dieser Rolle fragen.
Ganz zum Schluss ist es hilfreich, wenn die Anliegen aller – egal ob genannt oder ungenannt – in einem Gebet oder Ritual gebündelt und Gott hingehalten werden.

11
DAS GEHEIMNIS DER GRÜNKRAFT

Gott hat den Menschen mit allen guten Gaben und Kräften ausgestattet, damit er seiner Verantwortung in der Schöpfung gerecht werden kann. Doch der Mensch verweigert die Kooperation. Im Buch der Lebensverdienste hört Hildegard, wie sich die vier Elemente (=Feuer, Wasser, Erde, Luft) bei Gott darüber beklagen, wie die Menschen mit ihnen umgehen:

> *»Wir können nicht laufen und unseren Weg demgemäß vollenden, wie unser Gebieter es uns bestimmt hat. Denn die Menschen drehen uns mit ihren bösen Werken um wie eine Mühle. Daher stinken wir vor Pest und vor Hunger nach der ganzen Gerechtigkeit.«*

DER MENSCH SCHADET SICH SELBER

Hildegard hört auch die Antwort Gottes: Durch ihren Irrsinn schaden die Menschen nicht nur der ganzen Schöpfung, sondern damit auch sich selber.

> *»Die Winde sind vom Gestank heiser geworden, die Luft speit Schmutz aus, weil die Menschen ihren Mund nicht zur Rechtschaffenheit öffnen. Auch die Grünkraft welkt wegen des ungerechten Aberglaubens der verkehrten Menschenmassen, die jede Angelegenheit nach ihren Wünschen bestimmen und sagen: ›Wer ist denn jener*

Herr, den wir niemals gesehen haben?‹ Ich antworte ihnen: ›Seht ihr mich nicht bei Tag und Nacht? Seht ihr mich nicht, wenn ihr sät und wenn die Saat mit Regen begossen wird, damit sie wächst? Die ganze Schöpfung strebt nach ihrem Schöpfer und versteht offensichtlich, dass einer sie erschaffen hat. Der Mensch dagegen ist ein Rebell und zerteilt seinen Schöpfer in viele Geschöpfe. Wer hat aber die Schriftrollen in Weisheit hervorgebracht? Sucht in ihnen, wer euch erschaffen hat! Solange die Schöpfung ihren Dienst auf eure Nötigung ausübt, werdet ihr keine vollkommene Freude finden.‹«[9]

EXPERIMENT

Hören Sie diese 850 Jahre alten Sätze im Dialog mit dem folgenden Text aus unserem Jahrhundert:

Es gibt Formen der Umweltverschmutzung, durch die die Menschen täglich geschädigt werden. Den Schadstoffen in der Luft ausgesetzt zu sein, erzeugt ein weites Spektrum von Wirkungen auf die Gesundheit – besonders der Ärmsten – und verursacht Millionen von vorzeitigen Todesfällen. […] Eine mit dem Finanzwesen verknüpfte Technologie, die behauptet, die einzige Lösung der Probleme zu sein, ist in der Tat oft nicht fähig, das Geheimnis der vielfältigen Beziehungen zu sehen, die zwischen den Dingen bestehen, und löst deshalb manchmal ein Problem, indem sie andere schafft.
Wir müssen auch die Verschmutzung in Betracht ziehen, die durch Müll verursacht wird, einschließlich der gefährlichen Abfälle, die in verschiedenen Gegenden vorhanden sind. […] Die Erde, unser Haus, scheint sich immer mehr in eine unermessliche Mülldeponie zu verwandeln. […] Häufig werden Maßnahmen erst dann ergriffen, wenn die Auswirkungen auf die Gesundheit der Menschen bereits irreversibel sind.[10]

Dieser Text stammt aus der Enzyklika *Laudato Si'* von Papst Franziskus von 2015.
Welche aktuellen Bilder sind beim Lesen beider Texte vor Ihren Augen entstanden?
Wo sind sich Hildegard und Franziskus einig? Wo setzen sie je eigene Akzente?
Wen in der Schöpfung hören Sie heute klagen? Und worüber?

PRAXISTIPP FÜR DIE GRUPPE

Lassen Sie die Teilnehmenden einzelne Klageelemente formulieren, aus der im nächsten Schritt eine gemeinsame moderne Klagelitanei der Schöpfung entsteht.
Ein Gebet kann sich anschließen mit Bitte um Segen für die verwundete Schöpfung und die Umkehr der Menschen.

VERWANDTE DER GRÜNKRAFT

In der Gottesrede aus dem Buch der Lebensverdienste ist von der Grünkraft, lateinisch *viriditas*, die Rede. Hildegard hat dieses Wort nicht geschaffen – aber es gibt kaum einen Autor oder eine Autorin, der oder die es so häufig und konsequent benutzt wie sie!

Was hat es mit dieser »Grünkraft« auf sich? Die Grünkraft begegnet uns in der Schöpfung: in Bäumen und Blumen, Wiesen und Wäldern. Die Grünkraft ist bei Hildegard nicht einfach nur das, was wir heute als »Natur« bezeichnen. Sie wirkt auf der Erde. Und sie stammt von Gott. Sie ist – wie Hildegards Tugendkräfte – himmlisch und irdisch. Sie wirkt nicht nur im Grün der Pflanzen, sondern auch im Menschen: Gott hat ihn ja mit Tugendkräften wunderbar ausgestattet, so dass auch der Mensch wachsen, grünen, blühen, Frucht bringen kann. Hildegard liebt die Verbindung *viriditas virtutum,* die Grünkraft der Tugendkräfte. Wenn Hildegard von der Grünkraft schreibt, denkt sie

Natur, Ethik und Spiritualität zusammen! Ebenso verbindet sie Schöpfung und Erlösung.

Hildegard hat eine lyrische Ader. Sie verbindet gerne Worte, die ähnlich klingen. Im Lateinischen beginnen mehrere Hauptwörter mit der Silbe *vir.* Zwei kennen wir schon aus dem letzten Kapitel:

vis – die Kraft (Plural: *vires,* die Kräfte)

virtus – die Tugendkraft.

Das lateinische Wort für Mann lautet *vir* und ist mit *vis,* der Kraft, verwandt. In Hildegards Buch der Lebensverdienste erscheint Gott oder Christus als weltenüberragender, potenter Mann. Hildegard beschreibt, wie dieser Mann in der Gegend seiner Hüften von Grünkraft umgeben ist.

Zwei weitere Hauptwörter sind wichtig für Hildegard:

virgo – die Jungfrau

virga – das Reis, der Zweig.

GÄRTEN, BÄUME UND EINE WURZEL

Wenn Hildegard von der Grünkraft schreibt, stehen außerdem viele Bibelstellen im Hintergrund, in denen von Bäumen, Gärten und Fruchtbarkeit die Rede ist.

An erster Stelle das Paradies: In Genesis 2,8–9 lesen wir vom Garten, den Gott anlegt und in dem nichts fehlt.

Der allererste der 150 Psalmen vergleicht den Menschen, der auf dem rechten Weg ist, mit einem fruchtbaren Baum am Wasser (Psalm 1,3). Ein ähnliches Bild begegnet uns in Psalm 92,13: Der gerechte Mensch gedeiht wie eine Palme und wie eine Zeder.

Die Weisheit erscheint in Sirach 24,16–22 als Frau und vergleicht sich selber gleich mit mehreren grünenden, duftenden und fruchtbaren Bäumen. Sie lädt die Menschen ein, von ihren Früchten zu essen.

Die vielleicht wichtigste Bibelstelle für Hildegards Vorstellung von der Grünkraft ist Jesaja 11,1–2:

ABB. 8: SALEMER SCIVIAS-CODEX, 4R, WURZEL JESSE

Doch aus dem Baumstumpf Isais wächst ein Reis hervor,
ein junger Trieb aus seinen Wurzeln bringt Frucht.
Der Geist des HERRN ruht auf ihm:
der Geist der Weisheit und der Einsicht,
der Geist des Rates und der Stärke,
der Geist der Erkenntnis und der Furcht des HERRN.

Hier begegnen wir einem Hoffnungsbild nach der Katastrophe eines verlorenen Krieges. Isai ist der Vater von König David. Der Baumstumpf Isais steht für das Volk Israel, das unter David stolz und mächtig war, nun aber schwer getroffen ist. Doch aus dem scheinbaren Ende wächst ein neuer Anfang: Ein Reis bringt Frucht. Diesen neuen Anfang schenkt Gottes Geist.

Schon lange vor Hildegard lasen christliche Bibelausleger diese Stelle mit Blick auf die Menschwerdung. In dem Reis, lateinisch *virga*, entdeckten sie einen Hinweis auf Maria, die *virgo*, die Jungfrau. In der lateinischen Bibelübersetzung ist am Anfang nicht vom Baumstumpf die Rede, sondern von der Wurzel. Und Isai heißt auf Lateinisch Jesse. So entstand die Vorstellung von der Wurzel Jesse. Sie wurde im Mittelalter häufig dargestellt: Aus Jesse, dem Vater Davids, wächst ein Baum. Ein zentraler Zweig dieses wunderbaren Baumes trägt Maria. Und Maria trägt Christus. Er ist die Frucht, von der in Jesaja 11 die Rede ist, die das Reis bringt. Oft wird Christus aber nicht als Frucht, sondern als Blume dargestellt. Hier ist nicht unwichtig, dass das lateinische Wort für Blume, *flos*, männlich ist: Die *virga* bringt den *flos!*

Die Scivias-Handschrift, die um 1220 für das Zisterzienserkloster Salem am Bodensee entstand, enthält ein solches Bild (Seite 127, *Abb. 8*): Unten liegt Jesse. Aus seiner Lendengegend wächst ein Baum, in dessen Mitte Maria erscheint. Sie ist das Reis, das die Blume oder die Frucht Christus bringt, der ganz oben – hier schon als erwachsener Mann – sitzt. Über ihm schwebt der Geist in Form einer Taube.

ES IST EIN ROS ENTSPRUNGEN

Bestimmt kennen Sie dieses Weihnachtslied:

Es ist ein Ros entsprungen
aus einer Wurzel zart,
wie uns die Alten sungen,
aus Jesse kam die Art,
und hat ein Blümlein bracht,
mitten im kalten Winter,
wohl zu der halben Nacht.

Das Röslein, das ich meine,
davon Jesaja sagt,
ist Maria die reine,
die uns das Blümlein bracht.
Aus Gottes ewgem Rat
hat sie ein Kind geboren
und blieb ein reine Magd.

Das Reis ist hier zur Rose geworden, weil die Rose ein Mariensymbol ist. Vielleicht war aber auch einmal ursprünglich statt von der »Ros« vom »Reis« die Rede, das aus der Wurzel Jesse erwächst. Die Alten, die davon sungen, sind die Propheten aus dem Alten Testament. Die Ros oder das Reis hat ein Blümein hervorgebracht. Die Ros oder das Reis ist Maria, wie die zweite Strophe verrät. Das Blümlein ist ihr Kind: Christus.

DUFT, TAU UND EIN FESTMAHL

»Es ist ein Ros entsprungen« entstand mehrere Jahrhunderte nach Hildegard. Hildegard hätte das Lied sofort verstanden, weil sie mit dieser Auslegung von Jesaja 11,1–2 vertraut ist. Sie selber hat etliche

Gesänge über die Menschwerdung gedichtet und komponiert, in denen sie die Grünkraft besingt, die das Reis bringt, das aus der Wurzel Jesse wächst. Einer ihrer Gesänge beginnt mit *O viridissima virga:*

O allergrünstes Reis, sei gegrüßt.
Du bist hervorgetreten im wehenden Hauch
der Nachforschung der Heiligen.
Als die Zeit kam, da du blühtest in deinen Zweigen
– gegrüßt, gegrüßt seist du –,
denn die Leidenschaft der Sonne schwitzte in dir wie Balsamduft.
Denn in dir erblühte die schöne Blume,
die Duft schenkte allen Gewürzen, die trocken waren.
Und sie alle erschienen in voller Grünkraft.
Daher gaben die Himmel Tau über das Gras,
und die ganze Erde wurde mit Freude erfüllt,
denn ihr Schoß brachte Korn hervor,
und die Vögel des Himmels hatten hier ihre Nester.
Und so wurde Speise für die Menschen
und große Freude bei allen, die schmausten.
Daher, o süße Jungfrau, fehlt in dir keinerlei Freude!
Dies alles hat Eva verachtet.
Nun aber Lob dem Allerhöchsten![11]

Hildegard redet Maria als Reis an, und zwar als das allergrünste Reis! Dann ist von der Nachforschung der Heiligen die Rede. Das entspricht im Weihnachtslied »Es ist ein Ros entsprungen« dem Vers »wie uns die Alten sungen«: Hildegard denkt hier an die Heiligen des Alten Bundes, vor allem die Propheten, die verborgen über die Menschwerdung redeten wie Jesaja in 11,1–2.

Das Reis erblühte, und zwar zu einer schönen Blume. Die Blume ist Christus: der *flos*. Auch die Sonne, die in Maria schwitzte wie Balsamduft, ist im Lateinischen männlich *(sol)*. Die Sonne ist ein Bild für

Gott und/oder Christus. Das Schwitzen können wir auch erotisch hören: Gott hat Freude an Maria und am ganzen Projekt der Menschwerdung, denn hier geht der Schöpfer eine innige Verbindung mit seiner Schöpfung ein. Der Balsamduft und auch der Duft, den die Blume allen Gewürzen schenkt, sind möglicherweise Anspielungen auf die Weisheit, die sich in Sirach 24,16–22 mit duftenden Bäumen vergleicht. Für Hildegard ist Christus die Weisheit, die *sapientia*.

Hildegards Text ist ohne Jesaja 11,1–2 nicht verständlich. Sie bleibt nicht bei dieser einen Bibelstelle, sondern spielt auf mehrere an. Wenn die Himmel Tau über das Gras geben, erinnert das an Jesaja 45,8:

Taut, ihr Himmel, von oben,
ihr Wolken, lasst Gerechtigkeit regnen!
Die Erde tue sich auf und bringe das Heil hervor,
sie lasse Gerechtigkeit sprießen.

Auch das Bild vom Tau kennen wir aus Adventliedern, zum Beispiel »Tauet Himmel, den Gerechten!« Das Bild vom Tau kommt aber auch im Buch Exodus (16,13–15) und in den Psalmen (78,23–25) vor: Hier wird das Manna, das geheimnisvolle Brot, das Gott den Israeliten in der Wüste zum Essen schickt, mit Tau vom Himmel verglichen. Hildegard denkt ja auch an Korn, also an Brot. Hier ist sie nicht mehr bei der Blume, sondern bei der Frucht. Hildegard spielt damit auf die Eucharistie an. Auch viele Mähler aus dem Alten und Neuen Testament klingen an: Jesus lässt sich einladen und isst mit Sündern und Zöllnern. Im Alten Testament ist ein üppiges Mahl Bild für die Freude und Fülle, mit der Gott auf uns zukommt.

Wenn vorher von den Vögeln des Himmels und ihren Nestern die Rede ist, steht sicher auch das Gleichnis vom Senfkorn im Hintergrund: Aus dem kleinen Senfkorn wird ein mächtiger Baum (Matthäus 13,32) mit Platz für Vogelnester – genauso unscheinbar beginnt das Reich Gottes und wächst unaufhaltsam!

Auf den ersten Blick handelt es sich um einen Gesang an Maria. Sie steht am Anfang und am Ende, am Ende ergänzt durch Eva. Insgesamt geht es nicht nur um Maria, sondern um das Geheimnis der Menschwerdung. In der Mitte ist von der Blume und der Frucht die Rede, die das Reis bringt: Christus! Er bringt die volle Grünkraft auf die Erde. Durch ihn grünt, duftet und wächst die Schöpfung.

Typisch für Hildegards Blick auf die Eucharistie ist die Verbindung zur Menschwerdung: So wie Gott sich in Christus auf Maria einließ, so lässt er sich in der Eucharistie auf Brot und Wein ein und kommt ganz menschlich in unsere Welt. Eucharistie und Menschwerdung sind ganz tief verwandt. Im späteren Mittelalter tritt bei uns dieser Gedanke zurück und das Kreuz in den Vordergrund. Bis heute ist die innere Verwandtschaft von Menschwerdung und Eucharistie in vielen orthodoxen Kirchen wichtig.

EXPERIMENT

O viridissima virga können Sie hören auf der CD »Hildegard von Bingen, In festis beatae Mariae Virginis – Marienvesper«. Ars Choralis Coeln, Leitung: Maria Jonas. Raumklang 2806.

Machen Sie einen Spaziergang in der Schöpfung – mit offenen Augen für die sichtbare Grünkraft im Großen und im Kleinen.

Was steht bei Ihnen persönlich gerade in voller Grünkraft?

Wo sehnen sie sich nach der Blume, die Duft schenkt, nach dem Tau vom Himmel, nach dem Korn, das satt macht?

Welches dieser drei Bilder (Blume – Tau – Korn) spricht sie am meisten an?

Halten Sie alles Gott im Gebet hin: die Bitte um Wachsen und Fruchtbarkeit, die Klage über die Dürre, den Dank und das Lob für die Fülle. Vielleicht bringen Sie für Ihre verschiedenen Erfahrungen Symbole von Ihrem Spaziergang mit. Egal ob mit oder ohne Symbole oder Worte – er versteht Sie!

PRAXISTIPP FÜR DIE GRUPPE

Die Leitung nennt ein Wort aus Hildegards Gesang *O viridissima virga* – beispielsweise »Sonne« – und schickt es auf den Weg, das heißt die Person neben ihr äußert dazu spontan eine Assoziation (ebenfalls nur aus *einem* Wort, zum Beispiel »Wärme«), dann die nächste Person und so fort. Nach der letzten Assoziation wiederholt die Leitung noch einmal das ursprüngliche Wort und sagt laut »Sonne«. Nun schickt die Leitung das nächste Wort auf den Weg. Je nach Größe der Gruppe können mehr oder weniger Worte in die Runde geschickt werden. Sinnvoll ist die Reihenfolge aus dem Text. Ganz zum Schluss kann der ganze Text noch einmal laut vorgetragen werden. Er klingt dann »reicher« nach seinen Weg durch die Gruppe.

12
HILDEGARDS MUSIK

In Zusammenarbeit mit Maria Jonas

Am Ende von Hildegards Leben kommt es zu einem großen Konflikt. Ein Verstorbener wurde auf ihrem Klosterfriedhof begraben. Er befand sich im Kirchenbann, verstarb jedoch versöhnt mit der Kirche. Die Mainzer Bistumsleitung meint: Diese Versöhnung geschah weder öffentlich noch offiziell. Daher soll Hildegard den Verstorbenen aus geweihter Erde entfernen lassen. Als Hildegard sich weigert, wird über ihr Kloster das Interdikt verhängt, eine empfindliche Kirchenstrafe. Hildegard, die mit Leib und Seele Benediktinerin ist, trifft sie hart: Sie und ihre Schwestern dürfen nicht mehr die Kommunion empfangen und beim Stundengebet (vgl. Kapitel 1) nicht mehr singen! Sie interveniert in einem berühmten Brief nach Mainz: Nur aus Gehorsam, nicht aus Überzeugung halten sie und ihre Schwestern sich an das Interdikt. Aber um den Preis, dass der ganze Konvent von großer Traurigkeit befallen wurde. Hildegard legt dar, was der Sinn der Musik und vor allem des Gesangs ist.

GEMEINSCHAFT MIT DEN STIMMEN DER ENGEL

Hildegard meint, dass Adams Stimme im Paradies vor dem Sündenfall einen anderen Klang hatte: schöner und reiner. Vor allem hatte Adam vor dem Sündenfall Gemeinschaft mit dem Lob der Engel im Himmel:

Im Stande der Unschuld – vor der Übertretung – nahm er in nicht geringem Maß am Lobgesang der Engel teil […]. Adam hatte die Ähnlichkeit mit den Stimmen der Engel, die er im Paradies besaß, verloren und ist über dem Wissen, mit dem er vor der Sünde begabt war, eingeschlafen, so wie ein vom Schlaf erwachender Mensch nichts mehr oder nur Unbestimmtes von dem weiß, was er im Traum gesehen hat.

Adam verlor nicht nur seine schöne Stimme, sondern auch seine Gotteserkenntnis, allerdings nicht völlig: Sie entglitt ihm wie ein Traum, an den man sich nur noch vage erinnern kann. Die Heilsgeschichte nimmt nach Hildegard aber jenseits von Eden ihren guten Gang. Daher gibt es auch eine neue Perspektive für das menschliche Erkennen und die menschliche Stimme:

Damit sie [die Menschen] sich aber auch an die süße Erfahrung des Lobpreises erinnerten, deren sich Adam vor seinem Fall mit den Engeln in Gott erfreute und nicht […] seines hiesigen Exils gedachten, und damit auch sie dazu angeregt würden, erstellten die heiligen Propheten – von demselben Geist, den sie empfangen hatten, belehrt – nicht nur Psalmen und Lieder zum Singen, um die Andacht der Zuhörer zu entflammen, sondern auch verschiedene Musikinstrumente zur klangvollen Begleitung. Das geschah mit Rücksicht darauf, dass die Hörer sowohl durch Gestalt und Beschaffenheit dieser Instrumente, als auch durch den Sinn der Worte, die dazu vorgetragen wurden, wie schon gesagt, äußerlich ermuntert und angeregt, über den Inhalt belehrt würden.

Hildegard denkt hier an König David, der im Mittelalter Juden und Christen als Prophet und als Autor der 150 Psalmen gilt. Hildegard singt ja die Psalmen mit ihren Nonnen jeden Tag. Die Regel Benedikts verteilt sie auf eine Woche. David ist für sie nicht nur Dichter und Komponist, sondern auch Instrumentalist: In 1 Samuel 16,23 lesen wir, wie er vor dem depressiven König Saul Harfe spielt und es Saul dadurch besser geht. Auch Hildegard schreibt von der großen Traurigkeit, die sich durch das Interdikt über ihren Konvent legte. Musik, das heißt hier ganz eindeutig: Gesang mit Instrumentalbegleitung, ist Heilmittel gegen die Traurigkeit. Der Mehrwert des Gesangs liegt vor allem in den Worten: Die äußere Ermunterung soll Inhalt und Sinn schenken! Hildegard denkt nicht an irgendwelche Worte, sondern an Worte der Heiligen Schrift – und nicht an irgendwelche Lieder, sondern an liturgischen Gesang!

DER TEUFEL SORGT FÜR DISSONANZEN

Aber leider gibt es jemandem, der sich bedroht fühlt, wenn die Menschen sich an die Erkenntnis Gottes und an den Lobpreis der Engel erinnern:

> *Als aber sein Verführer, der Teufel, hörte, dass der Mensch aus göttlicher Eingebung heraus zu singen begonnen hatte und dadurch wieder dazu überging, die lieblichen Gesänge des himmlischen Vaterlands zu pflegen, erkannte er, dass seine verschlagenen Listen nichts ausrichten würden. Darüber erschrak er so, dass es ihn nicht wenig beunruhigte. Seitdem bemüht er sich ständig, vielerlei Erfindungen seiner Bosheit auszuhecken und herauszufinden, um nicht nur aus den Herzen der Menschen durch böse Einflüsterungen, unreine Gedanken oder ablenkende Geschäftigkeit, sondern auch – wo er nur kann – aus dem Mund der Kirche durch Streitereien, Ärgernisse oder ungerechte Unterdrückung das Bekenntnis des schönen, wohlklingenden Gotteslobes und der geistlichen Lobgesänge zu verbannen oder es unablässig zu stören.*

Für Hildegard ist der Teufel völlig unmusikalisch. Auch in ihrem Singspiel *Ordo virtutum* kann er nicht singen, sondern nur krächzen. Hat die Kirchenleitung in Mainz mit dem Interdikt eine teuflische Entscheidung getroffen? Hildegard wird noch deutlicher:

> *Deshalb müsst ihr und alle Vorsteher euch um größte Wachsamkeit bemühen. Bevor ihr den Mund einer Gemeinschaft, die das Lob Gottes singt, durch einen Urteilsspruch verschließt oder ihnen die Verwaltung und den Empfang der heiligen Sakramente verbietet, müsst ihr die Beweggründe für diese Maßnahme sorgfältig prüfen und erörtern. Und ihr müsst darauf bedacht sein, euch dabei vom Eifer der Gerechtigkeit Gottes und nicht von Unwillen, unrechter Gemütserregung oder Rachegelüsten leiten zu lassen. Auch müsst ihr euch stets davor hüten, bei eurer Rechtsprechung vom Satan überlistet zu werden, der den Menschen der himmlischen Harmonie und den Wonnen des Paradieses entzogen hat.*
>
> *Bedenkt also: Wie der Leib Christi vom Heiligen Geist aus der unversehrten Jungfrau Maria gezeugt wurde, so wurde auch der Gesang des (Gottes)Lobes durch den Heiligen Geist als Widerhall der himmlischen Harmonie in der Kirche verwurzelt. Der Leib jedoch ist das Gewand der Seele, die eine laute Stimme besitzt; und deshalb kommt es dem Leib zu, Gott durch die Stimme mit der Seele zusammen zu lobsingen.*

Hildegard stellt hier eine Verbindung her zwischen der jungfräulichen Menschwerdung Christi aus Maria und dem Singen in der Kirche: Beide verdanken sich dem Wirken des Heiligen Geistes. Aber das ist nicht die einzige Verbindung: Hildegards Lieblingsbibelstelle ist ja Johannes 1,14: »Und das Wort ist Fleisch geworden!« (vgl. Kapitel 7). Wenn Gottes Wort Mensch wird, wird es sichtbar und hörbar. Genau das passiert auch beim Singen des Gotteslobes: Das göttliche Wort, bezeugt in den Worten der Heiligen Schrift, wird sichtbar und hörbar, und zwar durch unseren Menschenleib als Resonanzkörper. Für Hildegard besteht eine tiefe Verbindung zwischen ihrem Glauben an die Menschwerdung des Wortes und ihrer Überzeugung von der Tiefendimension des Singens: Im Singen klingen Leib und Seele, Mensch und Gott zusammen. Singen vergegenwärtigt das Glaubensgeheimnis der Menschwerdung. Letztlich hat das Singen für Hildegard sakramentalen Charakter wie die Eucharistie. Daher gehört das Singen auch zum Geheimnis der Erlösung: Der Mensch erinnert sich an seine himmlische Herkunft – und das ist heilsam:

> *Und weil der Mensch beim Anhören eines Liedes oft tief Atem holt und aufseufzt, wenn er sich an die ursprüngliche himmlische Harmonie erinnert, erwägt der Prophet feinfühlig das unergründliche Wesen des Geistes im Wissen darum, dass die Seele von Harmonie erfüllt ist […].*

Am Ende ihres Briefes holt Hildegard noch einmal unmissverständlich aus und tadelt die Kirchenleitung in Mainz:

> *Wer also der Kirche bezüglich der Gesänge des Gotteslobes ohne bestimmten gewichtigen Grund Schweigen auferlegt und Gott ungerechterweise der Ihm geziemenden Verherrlichung auf Erden beraubt, dem wird die Gemeinschaft mit dem Lob der Engel im Himmel entzogen […]. Deshalb sollen sich diejenigen, welche die Schlüssel des Himmels verwalten, streng hüten, ihnen zu öffnen, was zu verschließen ist, und zu schließen, was zu öffnen ist. Denn das härteste Gericht wird über die Vorsteher ergehen, wenn sie – wie der Apostel sagt – ihr Amt nicht sorgfältig verwalten.*[12]

Hildegards Brief bringt nicht den gewünschten Erfolg. Der Mainzer Erzbischof Christian ist mit Barbarossa in Rom. Hildegard bittet ihn um Klärung. Christian entscheidet aus der Ferne: Sobald bewährte

Männer die Aussöhnung des Verstorbenen mit der Kirche bezeugen können, soll das Interdikt aufgehoben werden. Hildegard erlebt, dass ihr Konvent wieder singen darf. Nach diesem letzten Kampf stirbt sie noch im selben Jahr mit 81 Jahren.

EXPERIMENT

Sie sind ja nun schon eine ganze Weile mit Hildegard und ihren Texten unterwegs:
Was kommt Ihnen bekannt vor aus Hildegards Denken, so wie Sie es bisher kennengelernt haben?
Was beeindruckt Sie besonders?

Hildegard hat nicht nur einen Großteil ihrer Lebenszeit singend in der Kirche verbracht, sie hat auch selber Gesänge geschaffen.

Diese waren für den Gebrauch in der Liturgie gedacht und wurden von ihren eigenen Nonnen, möglicherweise auch in befreundeten Klöstern, im Gottesdienst gesungen. Vor allem in zwei Handschriften finden wir ihre Lieder: im Codex Dendermonde und im Riesencodex. Unter dem Titel *Symphonia armonie celestium revelationum* (deutsch: »Symphonie der Harmonie himmlischer Offenbarungen«) bilden Hildegards Gesänge den Abschluss dieser wichtigsten Handschrift. Wie müssen wir uns Hildegards Gesänge in den Handschriften vorstellen?

NEUMEN UND NOTENLINIEN

Ab der zweiten Hälfte des 9. Jahrhunderts gibt es einzelne Versuche, die in der lateinisch sprechenden Westkirche verbreitete Singweise des Stundengebets und der Messe, den »Gregorianischen Choral«, zu verschriftlichen. Aber erst aus der Zeit um 930 liegen uns vollständige Notensysteme vor, in denen das gesamt Repertoire für Messe und Stundengebet notiert wurde. Als Begriff für die Notation dieser Zeichen etablierte sich das Wort »Neume«. Dieser Begriff kommt aus dem Griechischen und bedeutet: Wink oder Geste. Er beschreibt damit das Anleiten der Gesänge durch Zeichen mit der Hand. Er stammt nicht aus dem musikalischen Bereich, sondern aus dem rhetorischen. Die Rhetoriker der Antike erwähnen die Neumen im Kontext der Ausschmückung einer Rede mit Gesten. Und genau das ist auch für die Übertragung der Neumen in den Kontext des Gregorianischen Chorals wichtig: Es sind Zeichen, die uns zeigen, wie wir ein Stück singen sollen, wie wir den Inhalt des Gesangs am besten interpretieren, wo wir innehalten sollen, wo es zügig weitergeht, welches die wichtigen Worte sind, auf die die Sänger und Sängerinnen aufmerksam machen wollen.

Die Neumen des 9. Jahrhunderts waren noch ohne Notenlinien und -schlüssel, sie zeigten Tonhöhen nicht an (Fachbegriff »adiastematische Neumen«). Man musste also die ursprünglichen Melodien kennen. Die Neumen dienten nur dem Erinnern eines Melodieverlaufs und der Interpretation des Gesangs. Ein fremdes Stück konnte man damit nicht erlernen. Es brauchte immer noch einen Vorsänger oder eine Vorsängerin oder eine Schola, mit der man das Stück erarbeitete und später erinnerte. Denn damals wurde die komplette Liturgie auswendig gesungen.

Ab der Mitte des 11. Jahrhunderts setzt in der Notation ein grundlegender Wechsel ein. Hier muss ein wichtiger Mann erwähnt werden: Guido von Arezzo (um 992–1050). Um 1030 schreibt der italienische Mönch einen Traktat über seine Methode, mittels eines Notensystems Gesänge abzubilden, und zwar so, dass ein dem Sänger bis dato unbekannter Gesang aus der Niederschrift erlernt werden kann. Damit wird die Grundlage für die moderne Notationssystematik gelegt. Guidos Methode beruht auf mehreren Faktoren:

Er gab dem für die gregorianische Musik vorhandenen Tonvorrat Namen: »ut, re, mi, fa, sol, la, si«, bei der sich nur eine Tonstufe chromatisch verändern konnte: das si zum si bemolle (das H zum B). Er erfand auch die Notenlinien, wie wir sie heute noch benutzen:

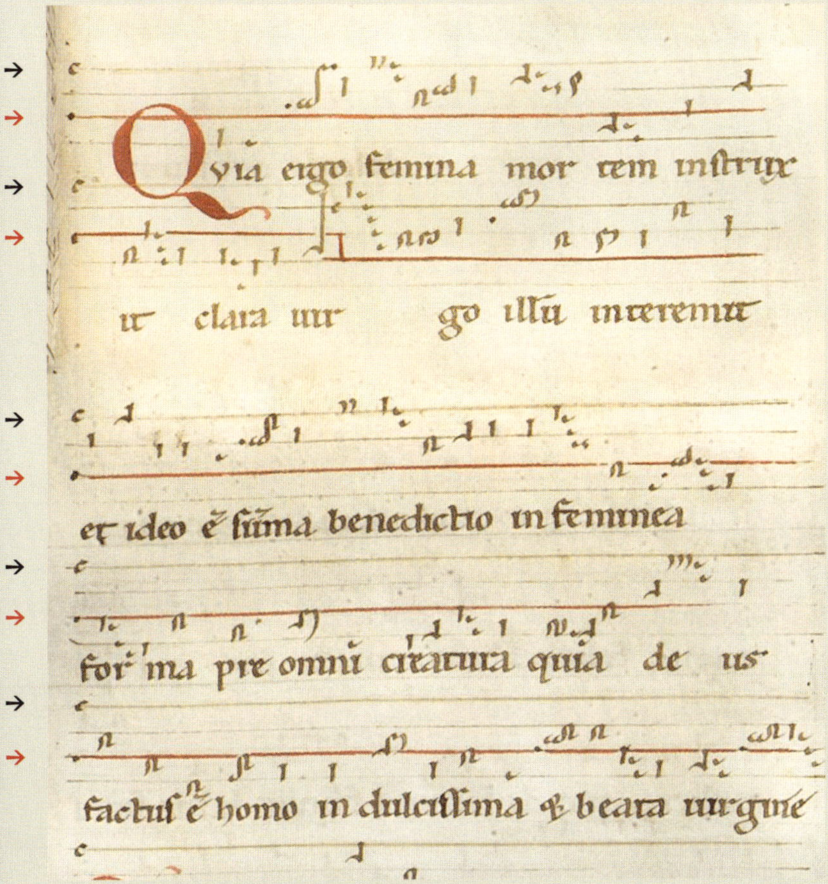

→ *Schwarze Pfeile: C-Linie*

→ *Rote Pfeile: F-Linie*

ABB. 9: ANTIPHON »QUIA ERGO FEMINA« RUPERTSBERGER RIESENCODEX, 467R

QR-Code: Hörbeispiel der Hildegard-Antiphon »Quia ergo femina«, gesungen von Ars Choralis Coeln unter der Leitung von Maria Jonas (CD Raumklang 2806) https://shop.verlagsgruppe-patmos.de/media/medien/audio/978-3-8436-1401-6.mp3

Zwei Notenlinien stellen den Abstand einer Terz dar. Außerdem erfand er die Notenschlüssel F und C, die zusätzlich noch farbig markiert wurden, so dass sofort klar war, wo die Halbtonschritte liegen, ohne die wir den Modus, in dem das Stück steht, nicht erkennen können.

Und es dauerte nicht lange, da entstanden die ersten Handschriften mit dem gesamten Repertoire des Gregorianischen Chorals nach diesem Notationssystem. Erst so wurden die älteren Handschriften, die vor Guido von Arezzo entstanden sind, auch für uns heute lesbar und singbar. Hildegard wurde am Ende des Jahrhunderts dieser großartigen Erfindung geboren. So konnte ein kundiger Schreiber ihre Lieder mit ihren ausufernden Melodieverläufen notieren.

KLANGGEWORDENE ARCHITEKTUR

Die Gesänge Hildegards sind ihrer Zeit entsprechend alle einstimmig: Alle singen gemeinsam die gleiche Melodie, wie auch beim Gregorianischen Choral. Wer jedoch einmal in einer romanischen Kirche gesungen hat, weiß, dass es bei dieser Einstimmigkeit nicht bleibt. Hildegard beschreibt es in *Scivias* so:

> *Dann sah ich ein ganz lichtdurchstrahltes Gewölk. In ihm hörte ich auf wunderbare Weise in allen erwähnten Sinnbildern verschiedene Arten von Musik in Lobgesängen […], in Klageliedern […]. Und dieser Klang, der wie die Stimmen einer Menge von den himmlischen Stufen her in Harmonie zusammenklang, lautete so: […]*[13]

Hildegard beschreibt hier die Akustik romanischer Kirchen: Der gesungene Ton verhallt dort nie sofort. Er verweilt im Raum, und die folgenden Töne gesellen sich hinzu, so dass auf diese Art und Weise ein Klangteppich entsteht, der für die spätere polyphone Musik und auch für das gesprochene Wort völlig ungeeignet ist, jedoch für die

Wirkung der Musik von Hildegard unabdingbar, denn erst durch dieses Phänomen entfaltet sich ihre Musik vollständig. Ja, man versteht sie erst in diesen Räumen.

Die Musik des Mittelalters wird mit der sogenannten »pythagoreischen Stimmung« umgesetzt. Es geht der Legende nach auf den antiken Philosophen Pythagoras zurück; der war der Auffassung, dass die Musik ebenso wie der gesamte Kosmos nach festen Zahlenverhältnissen geordnet sei und daher Musik Ausdruck dieser kosmischen Ordnung ist. Die »Stimmung« bezeichnet in der Musik die Festlegung von Tonhöhen und ein »Stimmungssystem« die Verhältnisbestimmung der Tonfrequenzen zueinander. Das nach Pythagoras benannte Stimmungssystem baut sich über reine Quinten, also aus Intervallen von fünf Tonstufen innerhalb der Tonleiter einer Oktav, auf. Das führt im Vergleich zu unserem gewohnten System von 12 Halbtonschritten (Fachwort: chromatische Stimmung) zu anderen Verhältnissen der Intervalle untereinander. Man stelle sich ein Klavier vor, das über keine schwarzen Tasten verfügt! Singt man in dieser Noten-Stimmung, werden Obertöne hörbar und bereichern so den Klang der Musik.

Die Musik Hildegards lässt sich als klanggewordene Architektur verstehen: Die reinen Quinten sind wie romanische Säulen, stark und mächtig stützen sie das Gebäude und tragen das Dach. Genauso verhält es sich mit den pythagoräischen Quinten. Sie tragen die gregorianischen Gesänge genauso wie die ausufernden Antiphonen und Responsorien Hildegards. Werden diese reinen Quinten, die etwas größer sind als unsere temperierten, nicht präzise und bewusst gesetzt, dann wackelt die Intonation, und die Musik verliert ihren Halt. Sie droht einzustürzen genau wie ein Gebäude, dessen Säulen unsicher stehen.

HÖCHSTER SEGEN AUF DER WEIBLICHEN GESTALT

Schauen wir uns einen Gesang Hildegards genauer an, die Antiphon: »Quia ergo femina«. Sie sehen sie auf Seite 141, *Abb. 9*, wie sie im Riesencodex notiert ist. Eine Antiphon ist ein liturgischer Gesang, der vor und nach (und manchmal auch zwischen) einem Psalm gesungen wird. Zwischen Antiphon und Psalm besteht sowohl inhaltlich-theologisch als auch musikalisch eine enge Verbindung. Inhaltlich gibt die Antiphon die Perspektive vor, wie der folgende Psalm zu verstehen ist. Auch musikalisch gibt es eine enge Beziehung zwischen Antiphon und Psalm. Die zu kennen und dem Konvent korrekt vorzugeben, war die Aufgabe der jeweiligen Magistra oder des Magisters. Denn es gibt neun verschiedene Modi (heute würde man dazu Tonarten sagen), in denen die Psalmen gesungen werden können, immer abhängig von der vorangegangenen Antiphon. Hildegard hat eine Vielzahl von Antiphonen geschaffen. Neben Antiphonen komponierte sie Responsorien, das sind Antwortgesänge auf die Lesung, und andere liturgische Gesänge (Hymnen, Sequenzen). Neben diesen üblichen Gattungen findet sich bei Hildegard noch eine Sonderform: die Symphonia, ein freier Gesang, der zu keiner der liturgisch vorgegebenen Formen passt.

VIER ZEILEN, DIE ES IN SICH HABEN

Der Text lautet:

Quia ergo femina mortem instruxit,
clara virgo illam interemit,
et ideo est summa benedictio
in feminea forma
prae omni creatura,
quia Deus factus est homo
in dulcissime et beata virgine.

EXPERIMENT

Auch wenn Sie kein Wort verstehen sollten: Versuchen Sie einmal, den Text laut zu sprechen, und hören Sie auf die Laute und den Rhythmus der Worte.
Am Anfang gibt es dunkle Vokale wie o (*mortem*) und u (*instruxit*).
Dann wird es hell durch a und i: *clara* und *virgo*.
Wenn Sie *summa benedictio in feminea forma prae omni creatura* sprechen, kann ein regelmäßiges Versmaß hörbar werden, nämlich so:

súmma bénedíctió in féminéa fórma
práe ómni créatúra

Außerdem reimt sich *creatura* auf *forma*.

Mit den Worten *summa benedictio in feminea forma prae omni creatura* sind wir in der Mitte der Antiphon – nicht nur, was ihre Länge angeht, sondern auch, was die Kernaussage betrifft. Kein Wunder, dass diese Mitte sich auch sprachlich von den anderen Sätzen abhebt und besonders gestaltet ist. So lässt sich der lateinische Text im Deutschen wiedergeben:

Da also eine Frau den Tod einführte,
beseitigte ihn eine helle Jungfrau.
Folglich ist der höchste Segen
auf der weiblichen Gestalt
vor jedem Geschöpf (oder: vor aller Schöpfung).
Denn Gott ist Mensch geworden
in der sehr milden und seligen Jungfrau.

Inhaltlich geht es um Eva, die den Tod brachte, und um Maria, durch die Gott Mensch wurde. In Eva und Maria stehen sich eine Frau *(femina)* und eine Jungfrau *(virgo)* gegenüber. Das sieht auf den ersten Blick nach dem üblichen Schwarzweiß-Gemälde aus: Eva und Frau schlecht,

Maria und Jungfrau gut. Aber höchster Segen ist auf der *feminea forma.* Da steckt wörtlich die *femina* drin, also auch Eva. Es gibt etwas Verbindendes zwischen Eva und Maria.

Spannend ist auch das kleine Wörtchen *prae:* »vor« aller Schöpfung oder »vor« jedem Geschöpf. Das lateinische *creatura* kann sowohl »das Geschöpf« als auch »die Schöpfung« bedeuten, genauso wie unser eingedeutschtes »Kreatur«. Auch das *prae* (»vor«) kann man doppelt hören: steigernd im Sinne von »mehr als«. Dann wäre die weibliche Gestalt mehr als jedes andere Geschöpf ausgezeichnet. Das entspricht Hildegards Verständnis der Erschaffung Evas in Genesis 2, die für sie ja einen Vorzug bedeutet. Man kann dieses *prae* aber auch zeitlich hören: Dann hätte Gott vor aller Zeit in seiner Ewigkeit die weibliche Gestalt gesegnet. Auch dies würde gut zu Hildegards Überzeugung passen, dass Gott unabhängig vom Sündenfall Mensch werden wollte. Wir können diese Formulierung so oder so hören.

WENN DER HÖCHSTE SEGEN HÖRBAR WIRD

Diese Antiphon steht auf E, dem vierten Ton, und gehört damit zu Hildegards bevorzugtem Modus. Die Modi sind nicht allein alte Tonarten, sondern sie beinhalten auch unterschiedliche Charakteristika. So sagt Guido von Arezzo über den vierten Ton: *quartus dicitur fieri blandus:* »Der vierte wird gesungen, um schmeichelnd zu werden.« Für Hildegard und ihre Zeit waren Frauen das schwache und schmeichelnde Geschlecht. So passt der 4. Modus zu dieser Antiphon besonders gut, vor allem der unkonkrete und umschmeichelnde Beginn der Antiphon: *Quia ergo femina mortem instruxit ...*

Das ändert sich bei *clara virgo illam interemit.* Auf dem Wort *virgo* findet der erste musikalische Höhepunkt statt durch eine aufsteigende Quint mit Quarte: So hören sich Siegerinnen an!

Der nächste Höhepunkt lässt nicht lange auf sich warten: *summa benedictio,* ausgedrückt durch Tonwiederholungen auf dem D und zwei Pressi: Das sind Neumen (Einzahl Pressus), die besonders stark und vehement gesungen werden sollen.

In den nächsten Zeilen wird das melismatische und schmeichelnde Umsingen des Halbtonschritts E-F fast schon bis zum Exzess betrieben. Denn hier geht es um die weibliche Gestalt, die Gott vor der ganzen Schöpfung gesegnet hat. Hier sticht das Wort *Deus* mit drei Pressi hervor! Davor und danach geht es »schmeichelnd« weiter, denn es geht hier um die süßeste und selige Jungfrau.

Vorwiegend werden bei diesem Stück die Neumen Virga und Punctum verwendet. So sehen sie aus:

7 *Virga* · *Punktum*

Das sind ganz »normal« zu singende Töne, deren Länge und Kürze allein durch die Metrik des Textes bestimmt werden. Betonte Silben singt man länger als unbetonte, unwichtige Wörter eher schnell, auch wenn sie auf mehreren Tönen gesungen werden. Die wichtigsten Worte hebt Hildegard durch Sonderzeichen (beispielsweise eben den Pressus) hervor. Ausschlaggebend für eine gelungene Interpretation ist jedoch der gleichmäßige Luftstrom, mit dem alle ihre Lieder gesungen werden müssen. Nur so entfalten sich Hildegards ausufernde Melodien schwebend im Raum.

EXPERIMENT

Hören können Sie die Antiphon auf der CD »Hildegard von Bingen: In festis beatae Mariae Virginis« (Marienvesper, Ars Choralis Coeln, Maria Jonas, edition raumklang 2806, Track Nr. 7) oder im Internet: Link (QR-Code) auf Seite 141.

Auf Seite 149 finden Sie die Umschrift dieser Antiphon in unser Notensystem mit Violinschlüssel. So können Sie sich auch selber ins Singen wagen.

Da eine Antiphon für den Dialog mit einem Psalm gedacht ist, passt es gut, wenn Sie die Antiphon mit einem Psalm verbinden. Inhaltlich eignet sich auch das Magnificat, das Loblied Mariens, das von den Psalmen aus dem Alten Testament inspiriert ist und das das Lukasevangelium Maria bei der Begegnung mit Elisabeth in den Mund legt (Lukas 1,46b–55). Die Regel Benedikts sieht das Magnificat beim Abendgottesdienst, der Vesper, vor. Im Text wird Gott dafür gelobt, dass er die Niedrigen erhöht – genau darum geht es ja auch in Hildegards Antiphon: Auf der – niedrigen – weiblichen Gestalt liegt Gottes höchster Segen! Da Hildegards Antiphon im vierten Ton steht, finden Sie hier das Magnificat eingerichtet für den vierten Psalmton (Noten Seite 149 unten).

Vor dem Magnificat: Antiphon

Meine Seele preist die Größe des Herrn, *
  und mein Geist jubelt über Gott, meinen Retter.
Denn auf die Niedrigkeit seiner Magd hat er geschaut. *
  Siehe, von nun an preisen mich selig alle Geschlechter!
Denn der Mächtige hat Großes an mir getan, *
  und sein Name ist heilig.
Er erbarmt sich von Geschlecht zu Geschlecht *
  über alle, die ihn fürchten.
Er vollbringt mit seinem Arm machtvolle Taten; *
  er zerstreut, die im Herzen voll Hochmut sind;
er stürzt die Mächtigen vom Thron *
  und erhöht die Niedrigen.
Die Hungernden beschenkt er mit seinen Gaben *
  und lässt die Reichen leer ausgehn.
Er nimmt sich seines Knechtes Israel an *
  und denkt an sein Erbarmen,
das er unsern Vätern verheißen hat, *
  Abraham und seinen Nachkommen auf ewig.

Nach dem Magnificat: Antiphon

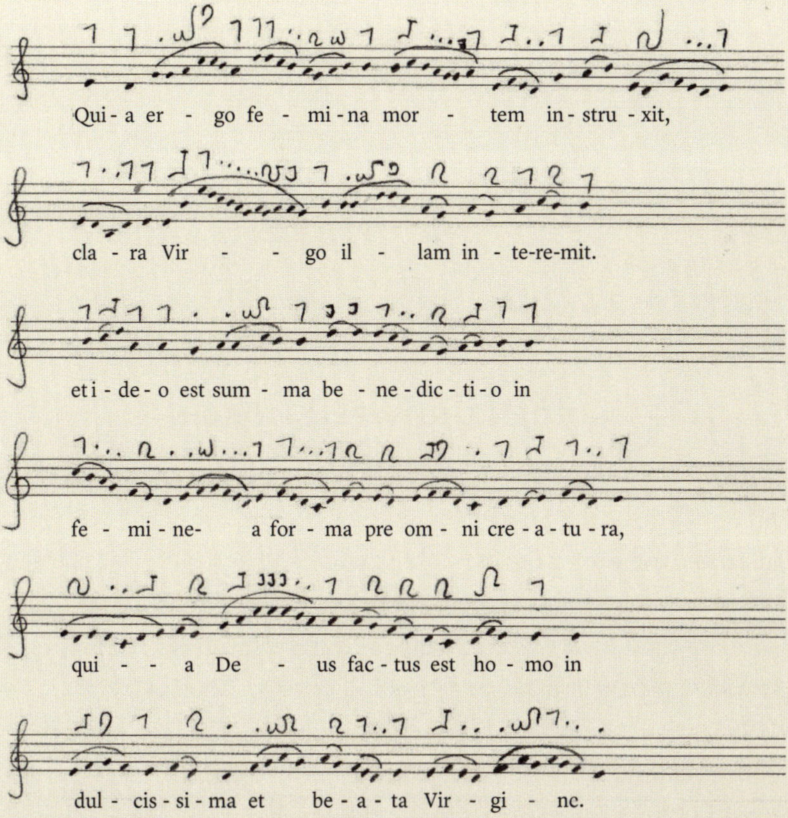

Transkription: Maria Jonas

HILDEGARDS ANTIPHON »QUIA ERGO FEMINA«

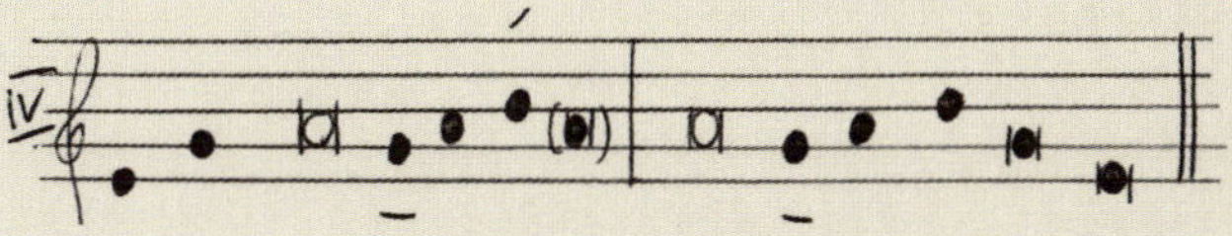

4. PSALMTON

PRAXISTIPP FÜR DIE GRUPPE

Heute wie zur Zeit Hildegards ist es üblich, sich beim Singen der Verse abzuwechseln. Hildegard saß dabei mit ihren Nonnen im Chorgestühl, einander gegenüber.
Wenn Sie sich mit einer Gruppe auf Antiphon und Magnificat einlassen, können Sie die Gruppe teilen und die Antiphon am Anfang und am Ende gemeinsam, die Verse jedoch abwechselnd singen lassen.

SINGEN UND ATEM HOLEN

In dieser Tradition steckt tiefe Weisheit: Niemand muss sich alleine mit den Worten der Schrift abmühen. Während die eine Seite Atem holen und zuhören kann, wird ihr von der anderen Seite der nächste Satz zu-gesungen, zu-gesagt. Der Dialog mit der Bibel ist auch in der Gemeinschaft etwas Wechselseitiges mit strukturierten Zeiten zum Atmen, Zuhören und Selber-Singen.

In Jesaja 6,3 lesen wir, dass die Engel wechselseitig vor dem Thron Gottes einander dreimal »heilig« zurufen. Im Sanctus der Messe stimmen die Feiernden in dieses Rufen der Engel mit ein. Für Hildegard ist Jesaja 6,3 nicht nur wichtig für die Messe, sondern überhaupt für das Stundengebet, bei dem die zwei Seiten des Chorgestühls einander antworten wie die Chöre der Engel im Himmel. Das passt zu ihrem Brief nach Mainz: Im Singen des Gotteslobes hat der Mensch Gemeinschaft mit den Chören der Engel im Himmel!

13 VON WUNDEN UND EDELSTEINEN

Außer für ihre Wertschätzung des Dinkels ist Hildegard für ihre angebliche Edelstein-Medizin berühmt. In der *Physica,* der unter Hildegards Namen überlieferten Naturkunde, findet sich tatsächlich ein Kapitel über die Steine. Um das einordnen zu können, wagen wir zunächst einen Blick auf mittelalterliche Medizin.

VIER ELEMENTE UND VIER KÖRPERSÄFTE

Im Mittelalter, ja bis ins 18. Jahrhundert hinein, war die Vorstellung weit verbreitet, dass alles Leiden eines Menschen etwas damit zu tun, dass seine »Körpersäfte« nicht in Ordnung sind. Diese Vorstellung wird »Humoralpathologie« genannt: Das lateinische Wort *húmor* bedeutet »Saft«, »Feuchtigkeit«, das griechische Wort *pathein* bedeutet »leiden«. In der *Physika* finden wir diese Vorstellung der Humoralpathologie.

Die antiken Ärzte Hippokrates und Galen prägten die Vorstellung von vier Körpersäften. Sie entsprechen den vier Elementen: Feuer, Wasser, Erde, Luft. Sie heißen Blut, Schleim, Galle, Schwarzgalle. Es handelt sich um vier hypothetische »Grund«säfte. Alle Flüssigkeiten, die ein Mensch ausscheidet und die man tatsächlich sehen kann, werden auf sie zurückgeführt. So gilt etwa Sperma als aufgeschäumtes Blut, geht also auf den Saft Blut zurück. Den vier Säften entsprechen vier Temperamente: Sanguiniker, Phlegmatiker, Choleriker, Melancholiker – je nachdem, welcher der vier Säfte in einem Menschen »den Ton angibt«! Diesen vier Säften werden jeweils zwei der vier Eigenschaften zugeordnet: feucht oder trocken, kalt oder warm. So ergibt sich das folgende Schema:

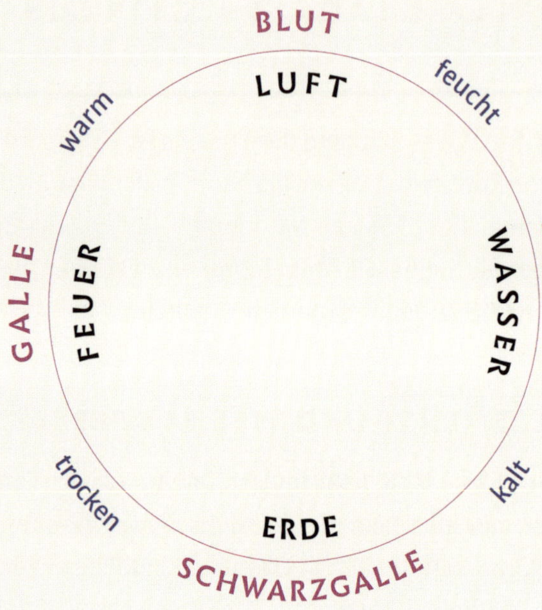

Nimmt man an, eine Krankheit entsteht dadurch, dass einer der vier Säfte zu feucht und kalt geworden ist, sollen Mittel mit den gegenteiligen Eigenschaften helfen: Pflanzen, Tiere oder Steine, die als trocken und warm gelten. Ziel ist, das ursprüngliche Gleichgewicht wiederherzustellen. Wer die *Physica* liest, wird daher bei jedem beschriebenen Stein, bei jeder Pflanze und bei jedem Tier erst einmal lesen, welche Elemente darin wirken und wie feucht oder trocken, kalt oder warm der beschriebene Gegenstand ist.

EXPERIMENT

Lesen Sie mit diesem Hintergrundwissen die folgende Erklärung zur Entstehung der Edelsteine aus der *Physica*:
Aus welchen der vier Elemente (Feuer, Wasser, Erde, Luft) bestehen die Edelsteine?
Welche zwei der vier Eigenschaften (feucht oder trocken, kalt oder warm) wohnen in ihnen?
Auch wenn das alles für heute fremd klingen mag – vielleicht kommt Ihnen trotzdem einiges irgendwie bekannt vor: aus diesem Buch, aus Ihrem Vorwissen über Edelsteine in der Bibel?

> *Jeder Stein enthält Feuer und Feuchtigkeit. Aber der Teufel schreckt vor edlen Steinen zurück und hasst und verachtet sie, weil er sich erinnert, dass ihr Glanz [...] an ihm erschienen war, bevor er von der ihm von Gott verliehenen ruhmvollen Stellung niederstürzte [...]. Edle Steine und Juwelen entstehen im östlichen Teil (der Welt) und in jenen Teilen, wo übergroße Sonnenglut herrscht. Denn die Berge, die in jenen Gefilden sind, enthalten infolge der Sonnenglut große Hitze und brennen wie Feuer. Aber auch die Flüsse, die in diesen (Erd) Teilen fließen, kochen dort immer durch die übergroße Sonnenglut. Deshalb: Wenn manchmal ein Hochwasser dieser Flüsse aufkommt und beim Anwachsen zu diesen brennenden Bergen aufsteigt, dann scheiden diese von der Sonnenglut brennenden Berge, wenn sie von jenen Flüssen berührt werden, an bestimmten Orten, wo das Wasser das Feuer berührt, einen gewissen Schaum aus [...], wie es glühendes Eisen oder ein feuerheißer Stein macht, wenn Wasser darüber gegossen wird. Und so hängt an jener Stelle dieser Schaum wie Leim und erhärtet innerhalb von drei oder vier Tagen zu Stein. Aber wenn danach die Überschwemmung jener Wasser zurückgeht, so dass jene Wasser wieder in ihr Bett zurückkehren, werden jene Schaumblasen, die an verschiedenen Stellen an jenen Bergen festhängen, durch die*

Sonnenglut entsprechend den verschiedenen Stunden des Tages und entsprechend der Beschaffenheit dieser Stunden ausgetrocknet. Deshalb bekommen sie auch entsprechend der Beschaffenheit dieser Stunden des Tages ihre Farben und ihre Kräfte. Und aufgrund der Trockenheit zu edlen Steinen gehärtet, lösen sie sich meistens von ihren Plätzen wie Schuppen und fallen in den Sand. Und wenn dann wieder ein Hochwasser jener Flüsse anwächst, nehmen jene Flüsse viele von diesen Steinen auf und führen sie in andere Provinzen, wo sie dann von den Menschen gefunden werden. […] Und so werden edle Steine von Feuer und Wasser gezeugt; deshalb enthalten sie auch Feuer und Feuchtigkeit und bergen auch viele Kräfte […].
Denn Gott hat den ersten Engel gleichsam mit edlen Steinen geschmückt […]. Da erhob sich sein Sinn, weil der Glanz der Steine, der an ihm war, in Gott strahlte, und er glaubte, dass er selbst Gleiches und mehr als Gott vermöchte – und deshalb ist sein Glanz erloschen, und er verlor den Schmuck der Steine […]. Aber […] Gott […] erlaubte […] nicht, dass Glanz oder Wirkkraft dieser edlen Steine untergingen, sondern wollte, dass sie auf der Erde wären zu Ehre, Segen und Arznei […].[14]

Die Heilkraft der Edelsteine wird hier doppelt begründet: einmal im Rahmen der Humoralpathologie – darüber hinaus gibt es zahlreiche Anspielungen auf Bibelstellen. Beides bildet eine Einheit. Das ist typisch für mittelalterliche Medizin: Naturkunde und Bibelauslegung lassen sich nicht trennen!

Edelsteine entstehen nach dieser Vorstellung, wenn Flüsse über die Ufer treten und Schaum zurücklassen, der durch Sonneneinstrahlung hart wird. Sie entstehen also aus den Elementen Wasser und Feuer. Also sind sie feucht und warm. Also eignen sie sich als Gegenmittel, wenn Körpersäfte zu trocken und kalt geworden sind, um das ursprüngliche Gleichgewicht der Säfte wiederherzustellen.

DIE EDELSTEINE STAMMEN AUS DEM PARADIES

Der Ort, an dem die Flüsse über die Ufer treten, liegt im östlichen Teil der Welt. Hier steht eine wichtige Bibelstelle im Hintergrund, nämlich das zweite Kapitel der Genesis (vgl. Kapitel 8). In Eden entspringt ein Fluss. Er teilt sich in vier Flüsse. Der erste fließt da, wo es Gold, Harz und Karneol gibt:

> *Dann pflanzte Gott, der HERR, in Eden, im Osten, einen Garten und setzte dorthin den Menschen, den er geformt hatte. […] Ein Strom entspringt in Eden, der den Garten bewässert; dort teilt er sich und wird zu vier Hauptflüssen. Der Name des ersten ist Pischon; er ist es, der das ganze Land Hawila umfließt, wo es Gold gibt. Das Gold jenes Landes ist gut; dort gibt es Bdelliumharz und Karneolsteine. (Genesis 2,8.10–12)*

Wenn nun die Edelsteine aus Flüssen im östlichen Teil der Welt stammen und Menschen sie überall auf der Welt später finden können, verbinden die Edelsteine die Menschen mit dem verlorenen Paradies. Im Mittelalter glaubt man, dass wir ohne Sündenfall von Krankheiten verschont geblieben wären, wenn wir im Paradies geblieben wären.

Außer der Anspielung auf das Paradies gibt es noch einen weiteren Gedanken aus der Bibel, der wichtig ist: der Sturz Lucifers. Der schönste Engel wurde übermütig und weigerte sich, Gott zu loben. Dadurch fiel er aus dem Himmel (vgl. Kapitel 8). Im Buch Ezechiel finden wir Verse, in denen es ursprünglich um den König von Tyrus geht, der besonders reich ausgestattet war, dann aber hochmütig wurde und zu Fall kam. Schon die Kirchenväter lasen diese Bibelstelle mit Blick auf Lucifer:

Im Garten Gottes, in Eden, bist du gewesen.
Allerlei kostbare Steine umgaben dich:
Rubin, Topas, dazu Jaspis,
Chrysolith, Karneol und Onyx,
Saphir, Karfunkelstein und Smaragd.
Aus Gold war alles gemacht, was an dir erhöht und vertieft war,
all diese Zierden brachte man an,
am Tag, als du erschaffen wurdest.
Hochmütig war dein Herz geworden,
weil du so schön warst.
Du hast deine Weisheit vernichtet,
verblendet vom strahlenden Glanz.
Ich stieß dich auf die Erde hinab.
(Ezechiel 28,13.17)

In der *Physica* heißt es, dass der Teufel als erster Engel ursprünglich mit Edelsteinen geschmückt war. Dann stürzte er und verlor seinen Glanz. Dies sind Anspielungen auf den König von Tyrus in Ezechiel 28.

DAS HIMMLISCHE JERUSALEM

Die Edelsteine kommen nicht nur am Anfang der Bibel, nämlich im Garten Eden, vor – sondern auch an deren Ende: In der Offenbarung des Johannes lesen wir die Vision vom himmlischen Jerusalem. Diese endzeitliche Stadt wird errichtet auf zwölf Edelsteinen.

Da entrückte er mich im Geist auf einen großen, hohen Berg und zeigte mir die heilige Stadt Jerusalem, wie sie von Gott her aus dem Himmel herabkam, erfüllt von der Herrlichkeit Gottes. Sie glänzte wie ein kostbarer Edelstein, wie ein kristallklarer Jaspis. Ihre Mauer ist aus Jaspis gebaut und die Stadt ist aus reinem Gold, wie aus reinem Glas. Die Grundsteine der Stadtmauer sind mit edlen

Steinen aller Art geschmückt; der erste Grundstein ist ein Jaspis, der zweite ein Saphir, der dritte ein Chalzedon, der vierte ein Smaragd, der fünfte ein Sardonyx, der sechste ein Sardion, der siebte ein Chrysolith, der achte ein Beryll, der neunte ein Topas, der zehnte ein Chrysopras, der elfte ein Hyazinth, der zwölfte ein Amethyst. Die zwölf Tore sind zwölf Perlen; jedes der Tore besteht aus einer einzigen Perle. Die Straße der Stadt ist aus reinem Gold, wie aus klarem Glas. (Offenbarung 21,10–11.18–21, vgl. auch Jesaja 54,11–12)

Es ist kein Zufall, dass genau die Edelsteine, die die lateinische Bibelübersetzung im 21. Kapitel der Offenbarung nennt, auch im Steine-Kapitel der Physica vorkommen. Und nicht nur das: Auch die Perlen, die die Stadttore des himmlischen Jerusalem bilden, werden neben den Edelsteinen als Heilmittel genannt!

Edelsteine verbinden die Menschen, die durch Krankheiten Unheil erleben, also nicht nur mit dem heilen Anfang des Paradieses (Genesis 2), sondern auch mit dem heilen Ende des himmlischen Jerusalem (Offenbarung 21). Ohne die Vernetzung mit all diesen Bibelstellen ist das Kapitel zu den Steinen in der *Physica* nicht verständlich.

GRÜNER SMARAGD UND BLAUER SAPHIR

Wenn Edelsteine aus Feuer und Wasser entstehen und daher warm und feucht sind, stellt sich die Frage: Wie warm und wie feucht sind denn die einzelnen Edelsteine? Das hängt laut *Physica* von der Tageszeit ab, zu der sie entstehen. Die Farbe eines Steines gibt Auskunft darüber, unter welchem Sonnenstand der Schaum der Flüsse fest wurde. Das Steine-Kapitel der *Physica* zählt die Steine nach ihrer Entstehung im Verlauf eines Tages auf. Der erste Stein ist der grüne Smaragd, er entsteht bei Sonnenaufgang und enthält eine Fülle von Grünkraft! Der Saphir dagegen entsteht mittags.

Auch dies ist kein Zufall. Bis heute werden bestimmte Tageszeiten symbolisch mit Glaubensinhalten verbunden, etwa der Morgen mit der Schöpfung oder dem Neubeginn an Ostern. Kein Wunder, dass der Edelstein des Morgens der grüne Smaragd ist! Der Mittag steht für den Glauben an die Menschwerdung, da Gott seinen Sohn sandte, als die – symbolische – Fülle der Zeit gekommen war (vgl. Galater 4,4). Hildegard schaut in *Scivias* Christus, in dem Gott Mensch wurde, als saphirblaue Menschengestalt (vgl. Kapitel 4).

ANWENDUNG FÜR HEUTE?

Wer die *Physica* geschrieben hat, lässt sich aufgrund der Handschriftenlage nicht klären (vgl. Kapitel 6). Was die Edelsteine angeht, lassen sich Bezüge zu gewissen Elementen aus Hildegards Denken aufweisen.

Gleichzeitig zeigt das Steine-Kapitel, was insgesamt für die *Physica* gilt: Hier wird medizinisch grundlegend anders gedacht als heute. Wir gehen nicht nur von anderen Voraussetzungen aus als die Humoralpathologie. Für unsere Überzeugung von der Wirksamkeit eines Medikaments spielt die Auslegung bestimmter Bibelstellen keine Rolle. Damit ein Mittel als Medikament anerkannt wird, soll seine chemische Zusammensetzung nachweislich wirksam sein (die sogenannte »Präparatwirkung«). Dies trifft auf etliche mittelalterliche Heilmittel nicht zu.

Vieles aus der Natur- und Heilkunde, die unter Hildegards Namen überliefert wurde, ist vor allem durch ein symbolisches Weltverständnis plausibel. Wie schräg wird es, wenn man einzelne Steine aus diesem Zusammenhang reißt und bei heutigen Diagnosen verkauft!

STEINE MIT WUNDEN UND NARBEN

In Sachen Heilkunde kann Hildegard uns trotzdem viel sagen – wenn man Heilkunde als »Kunde vom Heil« versteht. Dies lässt sich gut am Beispiel der Edelsteine zeigen.

Hildegard hat einen liturgischen Gesang gedichtet und komponiert, der an ihren Klosterpatron, den heiligen Rupert, gerichtet ist. Er beginnt mit »O Jerusalem!« Sie vergleicht ihr Kloster mit der himmlischen Stadt Jerusalem aus Offenbarung 21. Wie muss das für ihre Schwestern geklungen haben? Ein solcher Vergleich kann schnell überfordern. Denn jedes Kloster besteht aus konkreten Menschen, die nicht immer strahlen wie Edelsteine, sondern ihre »Macken« mitbringen. Hildegard verbindet das Bild von der himmlischen Stadt mit dem Appell aus dem ersten Petrusbrief: »Lasst euch als lebendige Steine zu einem geistigen Haus aufbauen!« (1 Petrus 2,5a). Sie meint: Das Fundament und die Mauern Jerusalems wurden erbaut aus lebendigen Steinen – keinesfalls aus makellosen Heiligen, sondern aus Zöllnern und Sündern! Sie ließen sich finden vom Sohn Gottes und in die himmlische Stadt einbauen. Nun meistern sie eine gemeinsame, tragende Aufgabe!

In einem Brief an Bischof Günther von Speyer schreibt Hildegards ganz ähnlich: Das Fundament des himmlischen Jerusalem sei mit jenen Steinen gelegt worden, die vom Hinfallen verwundet waren, die Narben trugen, die aber Reue zeigten. Und sie empfiehlt dem Bischof: »Sei wie der Sardis und wie der Topas!«

Wenn das himmlische Jerusalem bei Hildegard Leitbild für die Kirche im Großen und für ihr Kloster im Kleinen ist, werden die Edelsteine zu einem ermutigenden Bild, sich wandeln zu lassen und zu wandeln. Die Bruchstellen der eigenen Geschichte können durchlässig werden für das Licht, für das Handeln Gottes. So gesehen, sind die Bruchstellen kostbar und wertvoll!

WENN WUNDEN EDELSTEINE WERDEN

Hildegards Singspiel *Ordo virtutum* erzählt vom Irrweg der Seele, von ihrer Verwundung durch den Teufel und ihrer Heilung mit Hilfe der Tugendkräfte. Am Ende des *Ordo virtutum* weitet sich die Perspektive von der Geschichte eines einzelnen Menschen zur großen Heilsgeschichte. Hildegard kennt das letzte Buch der Bibel, die Offenbarung. Hier steht, dass Christus am Ende der Zeit wiederkommt. Am Ende des *Ordo virtutum* tritt er vor den Vater und bittet ihn, endlich ein Ende zu machen mit allen Katastrophen. Christus erinnert den Vater an seinen Heilsplan mit der Schöpfung. Dabei zeigt er ihm seine Wunden. Das heißt: Er erinnert den Vater daran, was er, der Sohn, für die Schöpfung getan hat. Bei Hildegard identifiziert er sich ausdrücklich mit den Wunden der Menschen und macht deutlich: »Nun ist es genug!«

Ähnliches können wir auf vielen mittelalterlichen Darstellungen vom Ende der Welt sehen: Christus erscheint als Weltenrichter. Dieser Richter ist keiner, in dessen eigener Geschichte alles glatt lief. Man kann ihm ansehen, dass er selber ein Gezeichneter ist. Seine Wunden sind sichtbar, aber nicht mehr offen blutend. Bei Hildegard kommt nun Ezechiel 28 ins Spiel. Denn Christus erweist sich als der wahre Lucifer (»Lichtträger«). Am Ende der Zeit ist der Leib Christi geschmückt mit Edelsteinen. Die Edelsteine sind seine gewandelten Wunden.

So kommt das Drama der Heilsgeschichte, das in der Ewigkeit vor der Schöpfung seinen Anfang nahm, an ein gutes Ende. Der erste Lucifer brachte Dissonanzen, Finsternis und Wunden in die Welt. Christus dagegen ist solidarisch mit den Menschen und ihren Wunden. Er, der selber verwundet wurde, wurde auch verwandelt. Seine Bruch stellen wurden durchlässig für Ostern! Er erscheint als verwundeter Heiler. Seine zu Edelsteinen gewandelten Wunden bedeuten Hoffnung für die verwundete Schöpfung.

EXPERIMENT

In Museen und Schatzkammern vieler Kirchen gibt es kostbare, edelsteinbesetzte Kreuze. Man kann sie als »Protz« kritisieren. Man kann sie auch aus einer anderen Perspektive anschauen: Sie stehen für die Lebensweisheit, dass Wunden Edelsteine werden können. Vielleicht haben Sie selber ein Kreuz als Schmuckanhänger, in das ein Edelstein eingearbeitet ist. Vielleicht besitzen Sie auch einfach einen schönen (Edel-)Stein, der Ihnen viel bedeutet. Egal, ob bei einem Museumsbesuch oder beim Blick in Ihre eigene Sammlung: Probieren Sie einmal die Perspektive dieser Lebensweisheit aus.

Wo kennen Sie selber die Erfahrung, dass aus Bruchstellen Gutes gewachsen ist? Hier geht es nicht darum, Verwundungen zu verzwecken – nach dem Motto: »Wunden sind heilsam, damit …« Das wäre zynisch. Trotzdem kann man manchmal aus der Rückschau sehen: Leichter wäre es ohne gewesen. Aber genau an der Bruchstelle ist mir diese oder jene lichte Erfahrung geschenkt worden …

Auf welche gewandelten Wunden sind Sie stolz?

Welche zeigen Sie anderen? Welche gehen nur Sie etwas an?

Für welche Wunden erhoffen Sie sich weitere Wandlung? Sie können sie – egal ob mit oder ohne Worte – dem verwundeten Heiler im Gebet hinhalten.

14
MIT HILDEGARD EINE VESPER FEIERN

Am Ende dieses Buch haben Sie einen weiten Weg zurückgelegt!

- Wie sind Sie gestartet?
- Was hat Ihre bisherige Sicht auf Hildegard bestätigt?
- Was hat Ihre Sicht auf Hildegard verändert?
- Wo ist Ihnen Hildegard fremd geblieben?
- Wo ist sie Ihnen nah gekommen?
- Was hat Sie enttäuscht?
- Was hat Sie bereichert?
- Was waren »Durststrecken« und »Sternstunden« bei Ihrem Weg mit diesem Buch?
- Was steht als Nächstes für Sie an, wenn Sie das Buch aus der Hand legen und ins Regal stellen?

EXPERIMENT

Für Hildegard als Benediktinerin war der tägliche Gottesdienst ihr Lebenselixier, konkret: die Feier des Stundengebets sieben Mal am Tag, darunter die beiden Hauptgottesdienste Laudes am Morgen und Vesper am Abend. Auch wenn Sie alleine mit diesem Buch unterwegs waren, können Sie mit Hildegard einen Gottesdienst halten, ein Ritual feiern.

- Suchen Sie sich einen Ort: draußen oder drinnen, mit oder ohne Kerze. Wenn Sie eine Bibel haben, halten Sie diese bereit, außerdem einen Krug mit Wasser und eine Schale. Wählen Sie eine Körperhaltung, die Ihnen entspricht.

- Beginnen Sie mit einer Geste (zum Beispiel dem Kreuzzeichen) und/oder einem Lied.
- In Kapitel 4 sind Sie Psalm 23 begegnet. Lesen Sie für sich noch einmal diesen Psalm. Was klingt hier und heute für Sie nach? Halten Sie es im Schweigen Gott hin.
- Lassen Sie sich die beiden für Hildegard zentralen Stellen aus Ihrer Bibel zusagen: Genesis 1,26–27 und Johannes 1,14. Sie können die Verse laut lesen und halblaut oder still für sich wiederholen wie ein Mantra.
- Gießen Sie Wasser aus dem Krug in die Schale. Schauen und hören Sie, wie das Wasser die Schale füllt. Danken Sie Gott für das Wasser in der Schöpfung und in Ihrem Alltag. Erinnern Sie sich an Ihre Taufe. Benetzen Sie mit dem Wasser Hände und Stirn, zeichnen Sie ein Kreuz. Schöpfen Sie Kraft aus der Erinnerung an Ihre Taufe. Bitten Sie Gott um seine Grünkraft für Ihr Leben! Sie können auch das Segensgebt aus der folgenden gemeinsamen Vesper verwenden.
- Den Höhepunkt der Vesper bildet das Magnificat. Hildegard hat es täglich im Stehen gesungen. Sie haben es in Kapitel 12 kennen gelernt. Sie können es mit Hildegards Antiphon *Quia ergo femina* singen – oder sich die Antiphon anhören und dazu das Magnificat beten.
- Halten Sie Gott Ihre aktuellen Bitten hin: für die ganze Schöpfung, für die Menschen, für sich selber.
- Lassen Sie Ihre Bitten einmünden in das Vaterunser.
- Bitten Sie Gott um seinen Segen, beenden Sie bewusst Ihr Ritual und kehren Sie zurück in Ihren Alltag.

PRAXISTIPP FÜR DIE GRUPPE

Laden Sie die Teilnehmenden ein, für die Auswertung des Kurses ein Symbol aus der Natur mitzubringen, das für den eigenen Output steht. Wenn Sie im Stuhlkreis sitzen, legt jede/r das eigene Symbol in die Mitte. So kann ein Mandala entstehen, das die Form der vielen kreisförmigen Visionsbilder Hildegards aufgreift und ein Stück »Grünkraft« sichtbar macht. Beim Niederlegen des Symbols teilt jede/r den anderen mit:

- Was verdanke ich der Begegnung mit Hildegard?
- Was ist mir im Verlauf des Kurses aufgegangen, fruchtbar geworden, was ist trocken oder sperrig geblieben, was wächst noch weiter?

Die Vesper können Sie mit den Teilnehmenden rund um dieses Mandala feiern.

Bei einer gemeinsamen Vesper haben sich als Bausteine bewährt:

Eröffnungslied

Abwechselndes Psalmodieren (vgl. Kapitel 12) von Ps 23 (Gotteslob 37). Wenn das gemeinsame Singen des Psalms nicht möglich ist, können Sie ihn abwechselnd sprechen. Auch ein Psalmlied ist möglich, beispielsweise »Mein Hirt ist Gott der Herr« (Gotteslob 421).

Schriftlesung: die beiden für Hildegard zentralen Stellen Genesis 1,26–27 und Johannes 1,14, gelesen von zwei Personen. Lassen Sie nach jeder der beiden Bibelstellen Zeit für Stille.

Als Antwortgesang eignen sich »Dein Wort ist Licht und Wahrheit« (Gotteslob 630,4), das einer gregorianischen Melodie nachempfunden ist, oder der Kanon »Schweige und höre« (Gotteslob 433,2), der die Ordensregel Benedikts zitiert.

Vorbereitung für ein Taufgedächtnis: In der Mitte des Mandalas stehen ein Krug mit Wasser und eine leere Schale. Schütten Sie nun Wasser aus dem Krug in die Schale. Halten Sie die Schale hoch mit einem Gebet:

Unbegreiflicher und menschenfreundlicher Gott! Im Anfang der Schöpfung schwebte dein Geist über den Wassern. Du hast uns die Erde geschenkt und sie fruchtbar gemacht mit deiner Grünkraft.

Als Antwortruf eignen sich: »Dir sei Preis und Dank und Ehre« (Gotteslob 670,8) oder »All meine Quellen entspringen in dir« (Gotteslob 397, einstimmig)

In der Mitte der Zeit ist dein Sohn Mensch geworden. In ihm hast du uns gezeigt, wie sehr du uns und deine ganze Schöpfung liebst.

Der Antwortruf wird wiederholt.

In der Taufe hast du jeden und jede von uns beim Namen gerufen. Wir bitten dich: Segne dieses Wasser. Mach es für uns zum Zeichen deiner Gegenwart. Sei du da, wenn wir einander mit diesem Wasser segnen zur Erinnerung an unsere Taufe. Schenk uns immer wieder deine Grünkraft. Mach uns lebendig mit deinem Geist.

Der Antwortruf wird wiederholt.

Anschließend reichen die Teilnehmenden die Schale mit dem gesegneten Wasser weiter. Jeder und jede einzelne kann sich mit dem Wasser bekreuzigen – oder der Person neben sich damit ein Kreuz auf Stirn oder Hände zeichnen.
Dazu eignet sich »All meine Quellen entspringen in dir« mehrstimmig als Kanon. Falls Sie dieses oder ein anderes Segensritual wählen, entfällt das Segensgebet nach dem Vaterunser.

Das Magnificat (s. Kapitel 12) wird abwechselnd gesungen, gerahmt von Hildegards Antiphon *Quia ergo femina*. Alternative: Hildegards Antiphon wird eingespielt; die Gruppe singt dazu selber das deutsche Magnificat im vierten Ton aus Kapitel 12. Oder die Gruppe singt ein Magnificat mit einer anderen passenden Antiphon (zum Beispiel Gotteslob 631,4; Evangelisches Gesangbuch 793). Auch ein Magnificat-Lied ist möglich (zum Beispiel »Den Herrn will ich loben«, Gotteslob 395). Da das Magnificat den Höhepunkt der Vesper bildet, ist es gute Tradition, dabei zu stehen.

Laden Sie die Teilnehmenden zu freien Fürbitten ein. Oder bereiten Sie aktuelle Fürbitten vor.
Sie münden ein in das gemeinsame Vaterunser.

Ein Schluss- und Segensgebet schließt sich an.

Schlusslied. Gut zu Hildegards Sicht auf Schöpfung, Menschwerdung und Heilsgeschichte passt »Gott liebt diese Welt« (Gotteslob 464; Evangelisches Gesangbuch 409).

Laden Sie die Teilnehmenden ein, ihr Symbol aus dem Mandala mitzunehmen.

ANMERKUNGEN

1 Hildegard von Bingen, Briefe – Epistolae. Übersetzung Sr. Walburga Storch OSB. Beuroner Kunstverlag 2012. S. 19.

2 Hildegard von Bingen, Wisse die Wege – Liber Scivias. Übersetzung Mechthild Heieck. Beuroner Kunstverlag ^{4}2018 (^{1}2010). S. 15f.

3 Hildegard von Bingen, Das Buch vom Wirken Gottes – Liber divinorum operum. Übersetzung Mechthild Heieck. Beuroner Kunstverlag ^{2}2013 (^{1}2012). S. 339.

4 Hildegard von Bingen, Das Buch vom Wirken Gottes – Liber divinorum operum [Anm. 3]. S. 22f.

5 Hildegard von Bingen, Das Buch vom Wirken Gottes – Liber divinorum operum. [Anm. 3]. S. 196f.

6 Hildegard von Bingen, Briefe – Epistolae [Anm. 1]. S. 95.

7 Responsorium »Spiritui Sancto honor sit«. Eigene Übersetzung.

8 Hildegard von Bingen, Das Buch der Lebensverdienste – Liber vitae meritorum. Übersetzung Sr. Maura Zátonyi OSB. Beuroner Kunstverlag 2014. S. 117f.

9 Hildegard von Bingen, Das Buch der Lebensverdienste – Liber vitae meritorum [Anm. 8]. S. 163.

10 Papst Franziskus, Enzyklika »Laudato Si'« über die Sorge für das gemeinsame Haus (2015), Nr. 20. 21.

11 »O viridissima virga«. Eigene Übersetzung.

12 Hildegard von Bingen, Briefe – Epistolae [Anm. 1]. S. 52–54.

13 Hildegard von Bingen, Wisse die Wege – Liber Scivias [Anm. 2]. S. 516.

14 Hildegard von Bingen, Heilsame Schöpfung – Die natürliche Wirkkraft der Dinge. Physica. Übersetzung Ortrun Riha. Beuroner Kunstverlag ^{2}2016 (^{1}2012). S. 246f.

TIPPS ZUM WEITERLESEN, HÖREN UND SURFEN

HILDEGARDS TEXTE IN DEUTSCHEN ÜBERSETZUNGEN

Hildegard von Bingen: Werkausgabe in 10 Bänden. Hrsg. von der Abtei St. Hildegard Eibingen. Beuron (Beuroner Kunstverlag) 2017. *Die Bände können auch einzeln bezogen werden.*

Für eine erste Begegnung mit Hildegard ist vor allem ihr Briefwechsel geeignet:
Hildegard von Bingen: Briefe – Epistolae. Übersetzt und eingeleitet von Walburga Storch OSB (Werke, Band 8). Beuron (Beuroner Kunstverlag) 2012.

Maura Zátonyi (Hg.): Das große Hildegard von Bingen-Lesebuch. Worte wie von Feuerzungen. Freiburg i Br. (Herder) 2022.

EINFÜHRUNGEN

Hildegard Gosebrink: Hildegard von Bingen begegnen (Zeugen des Glaubens). Augsburg (Sankt Ulrich) [2]2009 ([1]2002).

Hildegard von Bingen: Heilige und Kirchenlehrerin. Hg. vom Sekretariat der Deutschen Bischofskonferenz. Bonn 2012 (Arbeitshilfen 258). Die komplette Arbeitshilfe steht auch kostenlos zum Download bereit:

https://www.dbk-shop.de/de/publikationen/arbeitshilfen/hildegard-bingen-heilige-kirchenlehrerin.html

Sara Salvadori: Das Geheimnis der Bilder. Hildegard von Bingen und ihre Visionen. Darmstadt (wbg Edition) 2021.

Maura Zátonyi: Hildegard von Bingen (Zugänge zum Denken des Mittelalters). Münster (Aschendorff) 2017.

HILDEGARDS MUSIK

Stefan Klöckner, Dominik Schneider, Ursula Wilhelm: Symphoniae. Gesänge der Hildegard von Bingen. Praxisbuch. Münsterschwarzach (Vier-Türme-Verlag) 2021.

Es handelt sich um Umschriften sämtlicher Gesänge Hildegards in heutiger Notation.

Darin: Hildegard Gosebrink: »Die Seele ist symphonisch« – Zur Bedeutung der Musik im Werk Hildegards von Bingen. Seite 17–35.

CDs

Hildegard von Bingen: Marienvesper. Ars Choralis Coeln (Leitung: Maria Jonas). Raumklang 2806.

Hildegard von Bingen: ordo virtutum (2 CDs). Ars Choralis Coeln (Leitung: Maria Jonas). Raumklang 3701.

Auch die Einspielungen durch das Ensemble Sequentia (Leitung: Barbara Thornton und Benjamin Bagby) aus den 1990er-Jahren sind empfehlenswert (Label: Deutsche Harmonia Mundi).

HANDSCHRIFTEN ONLINE

Rupertsberger Riesencodex:
https://hlbrm.digitale-sammlungen.hebis.de/handschriften-hlbrm/content/thumbview/449620

Salemer Scivias-Codex:
https://doi.org/10.11588/diglit.607#0001

ABBILDUNGSNACHWEISE

Abbildungen 1, 2, 5, 6, 7:
Illuminationen aus dem Rupertsberger Scivias-Codex, um 1175, Original verschollen, Handkopie auf Pergament um 1930
© der Fotografien: Abtei St. Hildegard, Rüdesheim-Eibingen.

Abbildung 3:
Illumination zu Vision 10 (Ausschnitt), sog. Lucca-Codex des Liber divinorum operum
© der Fotografie: akg-images

Abbildung 4:
Illumination zu Vision 2, sog. Lucca-Codex des Liber divinorum operum.
© der Fotografie: alamy.com

Abbildung 8
Salemer Scivias-Handschrift (1220), 4r, »Wurzel Jesse«
Digitalisat: Universitätsbibliothek Heidelberg

Abbildung 9
Rupertsberger Riesencodex, 467r
Digitalisat: Hochschul- und Landesbibliothek Rhein-Main

ZU MARIA JONAS

Maria Jonas, die ihr Fachwissen zu Kapitel 12 »Hildegards Musik« beisteuerte, ist eine vielseitige Musikerin und Sängerin, die sich selbst als »Trobairitz« (weibliches Gegenstück zu »Trobador«) beschreibt. Sie tritt als Solistin auf, vor allem aber mit ihren Ensembles, unter anderen der Frauenschola »Ars Choralis Coeln«. Im Mittelpunkt von deren Repertoire steht die Musik von Frauenklöstern des Mittelalters, an erster Stelle die Musik der rheinischen Äbtissin Hildegard von Bingen.

Im Internet:
www.maria-jonas.de
www.ars-choralis-coeln.de

ZU HILDEGARD GOSEBRINK

Dr. Hildegard Gosebrink ist Theologin, geistliche Begleiterin und systemische Supervisorin. Von 2011 bis 2016 leitete sie das Martinushaus in Aschaffenburg, ein Zentrum für Bildung, Beratung und Seelsorge. Seit 2016 leitet sie die Arbeitsstelle Frauenseelsorge der bayerischen (Erz-)Bischöfe. Sie ist Mitglied der St. Hildegard-Akademie, Eibingen e.V., Zentrum für Wissenschaft, Forschung und europäische Spiritualität.

VERLAGSGRUPPE PATMOS

PATMOS
ESCHBACH
GRÜNEWALD
THORBECKE
SCHWABEN
VER SACRUM

Die Verlagsgruppe
mit Sinn für das Leben

MIX
Papier aus verantwortungsvollen Quellen
FSC
www.fsc.org
FSC® C014138

Klimaneutral
Druckprodukt
ClimatePartner.com/14549-2003-1001

Die Verlagsgruppe Patmos ist sich Ihrer Verantwortung gegenüber unserer Umwelt bewusst. Wir folgen dem Prinzip der Nachhaltigkeit und streben den Einklang von wirtschaftlicher Entwicklung, sozialer Sicherheit und Erhaltung unserer natürlichen Lebensgrundlagen an.
Näheres zur Nachhaltigkeits-Strategie der Verlagsgruppe Patmos auf unserer Website: www.verlagsgruppe-patmos.de/nachhaltig-gut-leben

Verlagsgruppe Patmos in der Schwabenverlag AG, Ostfildern
www.verlagsgruppe-patmos.de

Gesamtgestaltung: Finken & Bumiller, Stuttgart
Umschlagabbildung: Lucca-Codex Liber divinorum operum, Illumination Vision 2, Ausschnitt © alamy.com
Autorin-Foto: © Edmund Gumpert
Druck: Finidr s.r.o., Český Těšín
Hergestellt in Tschechien
ISBN 978-3-8436-1401-6